RIZAP

自分でできるRIZAP式ダイエット

chocoZAP最強活用術

RIZAP 著

宝島社

UCTION

イントロダクション

Check! 1

chocoZAP《チョコザップ》とは

あのライザップが2022年7月に『簡単』『便利』『楽しい』をコンセプトにサービスを開始した、月額2980円（税抜）で24時間365日、全国どの店舗でも利用可能なコンビニジムです。1年5ケ月で会員数は100万人を突破！日本最大の会員数を誇るフィットネスジムに成長しました。店舗数も急拡大中です！

Check! 2

管理は頼もしいアプリに任せて

チョコザップでは入館から日々の健康チェックまですべてをスマホアプリで管理します。入会時に提供している体組成計とヘルスウォッチもアプリと連携することで、歩数や体重、体脂肪率といった数値を簡単に記録することができます。また食事の写真を登録するだけで、食事の内容、栄養価を解析してくれるなど、そのほかにも便利な機能がそろっています。

INTROD

Check! 3

RIZAP《ライザップ》とは

累計会員数18万人突破！　ライザップではこれまでパーソナルトレーニングで培ってきた知識と経験をもとに、「運動」や「食事」といったお客様の生活に徹底的に寄り添い、お客様が目指す未来のために、健康的なボディメイクを徹底サポートいたします。

Check! 4

RIZAP《ライザップ》式ダイエット chocoZAP《チョコザップ》最強活用術

ちょこっとしたすき間時間を利用して気軽に通えるチョコザップですが、お客様の目的に合わせてご利用いただけ、ボディメイクに挑戦することができます。この本ではチョコザップを利用してできる効果的なマシンの使い方やライザップ式の食事法などを紹介しています。本書があなたのトレーナーとなってライザップ式のボディメイク術を指導します。チョコザップに通って一生モノの知識と習慣を身につけましょう！

筋力トレーニングと食事コントロールの意義

極論を言えば、食事を摂らなければ痩せます。ですが、食事だけに頼るボディメイクは脂肪と一緒に筋肉まで落とすことに。筋肉が落ちると代謝が下がり、リバウンドしやすいカラダになってしまいます。効率よく効果的に目標を達成するためには筋力トレーニングと食事コントロールをセットで行うことが重要です。

muscle training

筋力トレーニング

健康的に太りにくく、見た目の美しいカラダをつくる。筋力トレーニングは、代謝を高めることで、筋合成や脂肪燃焼を促進し、エイジングケアにも効果的。そして、筋力アップだけでなく、メンタル面にもさまざまなメリットがあるといわれています。

- 筋力アップ
- 代謝効率アップ
- 脂肪燃焼促進
- 健康的な見た目

calorie control

食事コントロール

減量中は筋肉も同時に落ちやすくなるため、余分な脂肪は減らして、筋肉量は減らさないための食事コントロールを目指します。筋肉のもととなるたんぱく質をしっかり摂取し、太る原因となる糖質をうまくコントロールしていく必要があるのです。

- 太る原因は糖質
- 筋肉量を減らさない
- 余分な脂肪を減らす
- 代謝を落とさない

CONTENTS
コンテンツ

まずはかるーい気持ちで始めてみよう

マシン以外にも
メニューが
盛りだくさん!!

楽しくなってくれば
すぐに目標クリア!!

chapter 4 ライザップ式食事メソッド

chapter 5 チョコザップ利用法

chapter 6 美容・エステ・リフレッシュ チョコザップの楽しいメニュー探索

追加料金の心配なしで毎日使えちゃう!!

chocoZAP

chapter 1

目標の設定

ダイエット・ボディメイク・健康維持などトレーニングを始める動機は人それぞれですが、まずは目標を設定してみましょう。それが後々まであなたのモチベーションを持続させてくれるでしょう。

goal setting

目標を設定する

ボディメイクを始めたいと思った一番の理由と、目標達成した理想の状態のイメージを具体的に書き出してみましょう。

ボディメイクを始めたいと思った理由

目標達成した理想の状態

one point

理想とするボディメイクを叶えるのは、筋力トレーニングと食事コントロールですが、一番大切なのはそのモチベーションを持続させることです。そのためには目標を明確にすることがポイントです。なってみたい自分の姿を想像しながら、具体的な目標・目的を書き出してみましょう。

目標達成したとき、どんな変化があるのかそれぞれ想像して書き出してみましょう。

自分のカラダの変化	自分のココロの変化

他人からの評価	生活の変化

宣言書

私、＿＿＿＿＿＿は

＿＿年＿＿月＿＿日までに

現在＿＿＿kgの体重を

＿＿＿kgに減らすことを誓います。

check BMI

BMI値で適正体重を知る

BMI ＝ BMI（Body Mass Index）はボディ・マス指数と呼ばれ、体重と身長から算出される。

ＢＭＩはBody Mass Index（ボディ・マス・インデックス）の略称で「ボディ・マス指数」「体格指数」と呼ばれ、体重と身長から算出される肥満度を表す指数です。

ＢＭＩ値の計算方法は世界共通ですが、肥満の判定基準は国によって異なり、ＷＨＯ（世界保健機関）の基準では30以上を"Obese"（肥満）としています。

日本肥満学会の定めた基準では18・5未満が「低体重（やせ）」、18・5以上25未満が「普通体重」、25以上が「肥満」で、肥満はその度合いによってさらに「肥満1」から「肥満4」に分類されています。

ＢＭＩが22になるときの体重が標準体重となっていて、最も病気になりにくい状態であるとされています。25を超えると脂質異常症や糖尿病、高血圧などの生活習慣病のリスクが2倍以上になり、30を超えると高度な肥満としてより積極的な減量治療を要するものとなります。

内臓脂肪の蓄積は必ずしもＢＭＩと相関しないため、メタボリックシンドロームの診断基準には盛り込まれていませんが、メタボリックシンドローム予備軍を拾い上げる意味で特定健診・特定保健指導の基準にＢＭＩが採用されています。（参照元e-ヘルスネット〈厚生労働省〉）

自分のＢＭＩを計算し、現在のカラダがどういう状態にあるかを知っておきましょう。

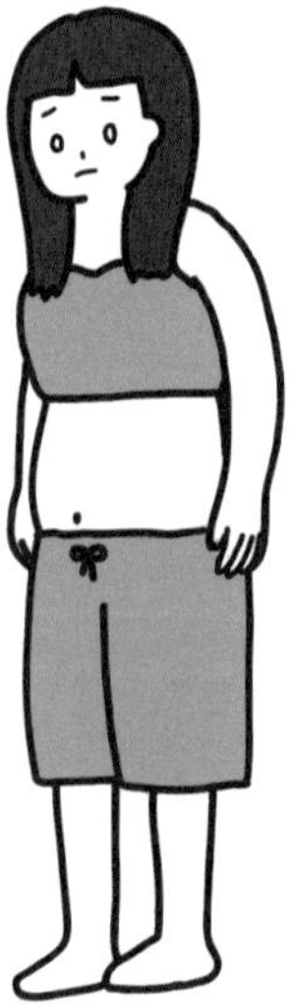

自分のBMIを求めてみよう

計算式

BMI＝体重kg÷身長m÷身長m

※身長はcmではなくmで計算します。

例 体重70kg・身長165cmの場合

70kg÷1.65m÷1.65m＝25.71

あなたのBMI

[　　　]kg ÷ [　　　]m ÷ [　　　]m ＝ [　　　]

WHO(世界保健機関)の判定基準

BMI値	判定
16.00未満	痩せすぎ
16.00〜16.99以下	痩せ
17.00〜18.49以下	痩せぎみ
18.50〜24.99以下	普通体重
25.00〜29.99以下	前肥満
30.00〜34.99以下	肥満(1度)
35.00〜39.99以下	肥満(2度)
40.00以上	肥満(3度)

BMIをベースに自分の現在地を把握しよう

know oneself

自分自身を把握する

チョコザップのスターターキットは受け取りましたか?

箱を開けて体組成計に乗ってみましょう。

チェックしたら現在の体重、体脂肪率を下に記入しましょう。

次にヘルスウォッチで、心拍数をチェックし記入してください。

ボディメイクを始める前の今の自分の姿を記しておきましょう。

トレーニングに行き詰まったときや、2ケ月のトレーニングを終えたときに見返し、

カラダの変化を実感しましょう。

そして、頑張っている自分を褒めてあげましょう。

今の自分はどんな状態?

現在体重	kg
目標体重	kg
BMI	
体脂肪率	%
心拍数	

chapter 2

ライザップ式 トレーニングメソッド

やみくもに自分を追い込めばいいというものではありません。ライザップ式のトレーニングメソッドをよく理解し、自分のカラダに合った正しいトレーニングを行いましょう。目標を達成するためにも効率のよいボディメイクが大切です。

CAUTION

注意事項

caution!!

食事について
ご注意
ください

◉糖質コントロール食を始める前に
次の項目に当てはまる方は
医師の指導を受けてください。

●病気の方や、治療薬を服用している方。

●糖尿病で経口血糖降下剤の内服をしている方。

●インスリンを注射している方。

●血液検査で血中クレアチニン値が高値で、腎障害がある方。

●活動性膵炎、肝硬変の方。

本書に書かれたトレーニング、食事コントロールをされる際は、ご自身の健康状態を日々確認し、気になる症状があった場合は、速やかに中止し、医師にご相談ください。

caution!! トレーニングについてご注意ください

◉トレーニングを始める前はもちろん、始めてから不調が現れることにも注意しましょう。

●妊娠中の方、産後間もない方。
●一時的な筋肉の痙攣《けいれん》や意識喪失などの症状を招く疾病を有する方。
●37度以上の発熱、咳、嘔吐・下痢などの症状のある方。
●コルセットなどがないと動けない方。
●めまいやふらつきなどがある方。
●医師から運動や入浴などを禁止されている方。
●心疾患・肺疾患・脳疾患・糖尿病などの方。
●食生活の変化や体重変化に伴い、発疹が出てしまった方。
●食生活の変化や体重変化に伴い、便通が悪くなった方。
●食生活の変化や体重変化に伴い、生理不順になった方。
●低血糖症状が出る方。

これらに該当する場合は医師に相談し、トレーニングの見直しをしましょう。

効率よく筋肉を鍛えるトレーニング法

大きな筋肉から鍛えるのが合理的
週2回でも効果は得られる

筋トレでは大きな筋肉から小さな筋肉の順で鍛えていくことが大事です。大きな筋肉を刺激すると、同時にそのほかの小さな筋肉や関節も刺激することができます。まずは大きな筋肉が集まる下半身を、次に上半身を鍛えるとよいでしょう。

太腿の表側にある大腿四頭筋、裏側にあるハムストリング、ふくらはぎの裏側の下腿三頭筋、お尻にある大臀筋は、歩行など日常生活に欠かせない動きをする際に必要です。ハムストリングは自分で鍛えるのが難しい部位なので、チョコザップにあるレッグプレスのマシンや、自重を利用したスクワットなどでしっかりとトレーニングしましょう。

上半身では、肩を鍛えるショルダープレスや、胸を鍛えるチェストプレスといったマシン、また自重でもできるプッシュアップなどで鍛えましょう。

背中に大きく広がる広背筋と僧帽筋を鍛えるには、ラットプルダウンといったマシンや、ベントオーバーロウやデッドリフトなどのトレーニングを活用しましょう。大きな筋肉ほど量も増やしやすいので、効率よく代謝量を上げることができます。

大きな筋肉の場所と、鍛えられるチョコザップマシン

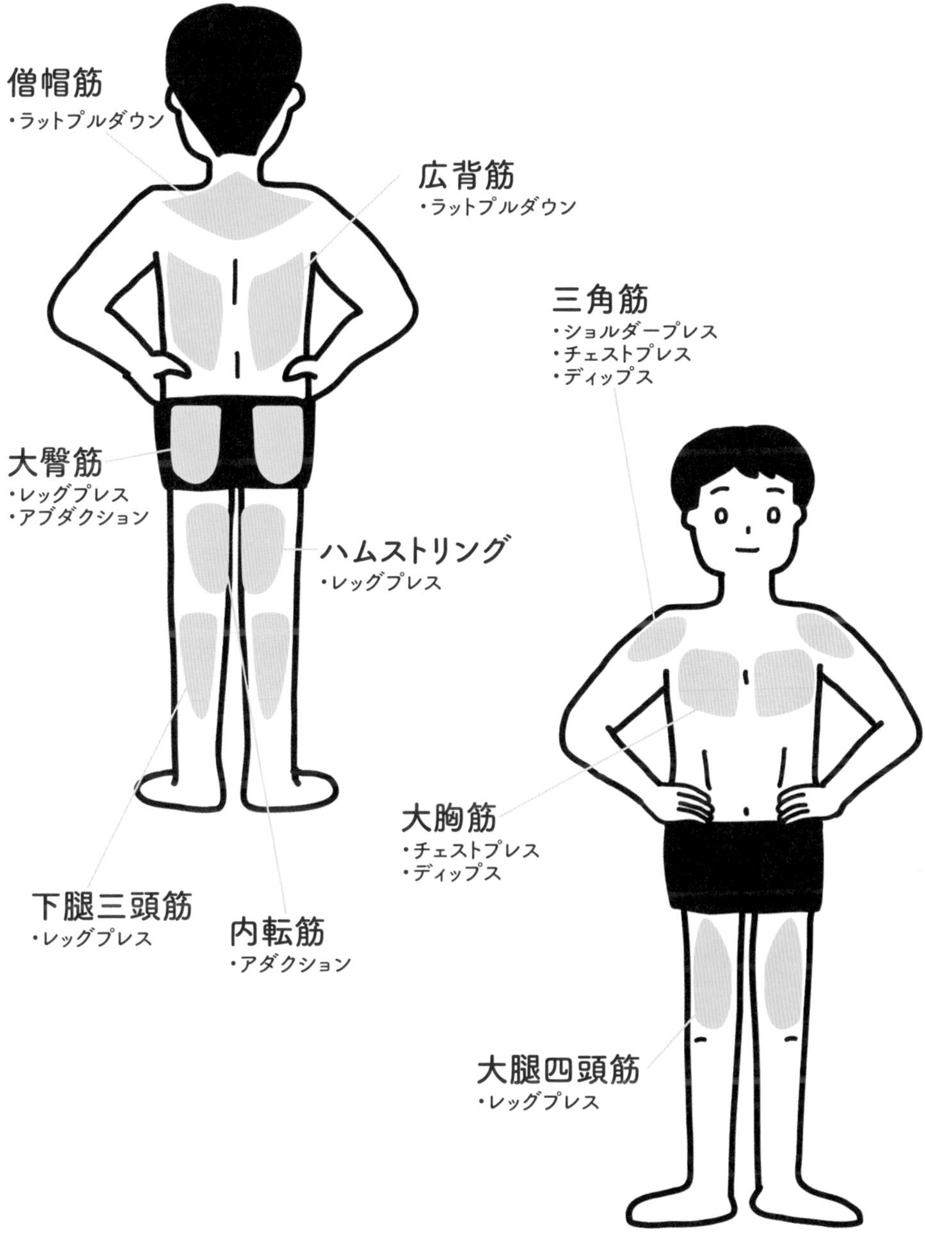

トレーニングの方法

3つのフェーズ

ライザップではフェーズによって負荷、回数などを変えたトレーニングを指導しています。本書でも、ボディメイクに慣れるための第1フェーズ、脂肪を燃焼させるための第2フェーズ、筋肉量を上げ基礎代謝を高めるための第3フェーズと、3つのフェーズに分けた、初心者の方でも無理なく始められるトレーニングメニューを紹介したいと思います。

第1フェーズは導入期です。あまり無理はせず、正しいフォームを意識してください。第2フェーズはシェイプアップ期です。強度はそれほど上げず、回数を多くして脂肪を燃焼させます。20回ほど続けられる重さで、限界までトレーニングを続けてみましょう。第3フェーズはスタイルデザイン期です。強度を高く設定します。10～12回できるかできないかくらいの重さで挑戦しましょう。

週2回のトレーニング

毎日トレーニングをする必要はありません。トレーニング後は筋肉がダメージを受けるので、48～72時間ほど休息を与えてあげるのがベストです。休息が長すぎると筋肉が効率よく成長しないので、週に2回のトレーニングをしていきましょう。週に2回のうち1日目は下半身、2日目は上半身と鍛える部位を変えるのが効率のよいトレーニング方法です。

26ページからは各マシンの初心者向けの重さと回数が書かれていますので、まずはそちらを目安にトレーニングを始めてください。

初心者でも効かせたい筋肉へしっかりと効果を与えられる、チョコザップのマシンの使用がオススメですが、どうしてもチョコザップへ行けない日は48ページから紹介している「おうちでもできるトレーニング」を行いましょう。

第1フェーズ　導入期

【1週目】
運動や食事の方法を正しく覚える

運動目標

トレーニングの正しいフォームを身につけていきましょう。

第2フェーズ　シェイプアップ期

【2～4週目】
効率よく脂肪を燃やすカラダを目指す

運動目標

マシンの重さは控えめに、回数を多くし、余分な脂肪を減らしていきましょう。20回ほど続けられる重さで、限界までトレーニングを続けてみましょう。3セット。

第3フェーズ　スタイルデザイン期

【5週目以降】
筋肉量を上げ基礎代謝の高いカラダを目指す

運動目標

マシンの重さを高めにし、筋肉をつけ、ボディラインを引き締めていきましょう。10～12回できるかできないかくらいの重さで3セット挑戦しましょう。

チョコザップマシントレーニングメニュー

1日目：下半身を鍛える

アブダクション

【鍛える部位】尻・脚 ➲ 40ページ

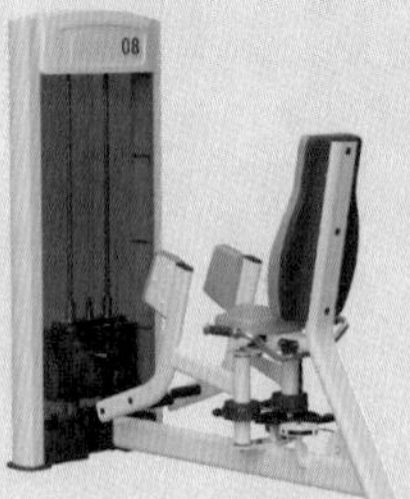

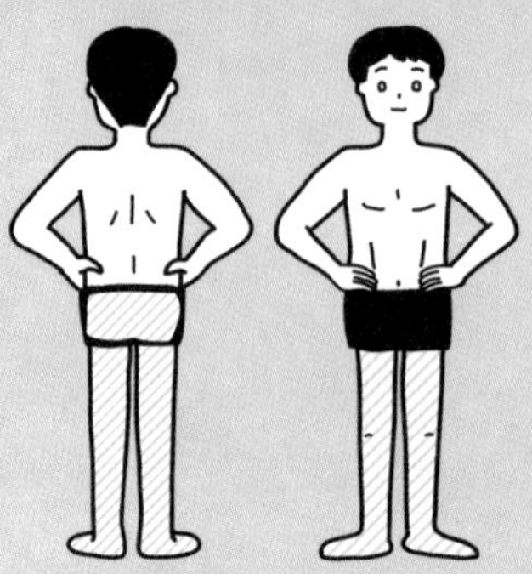

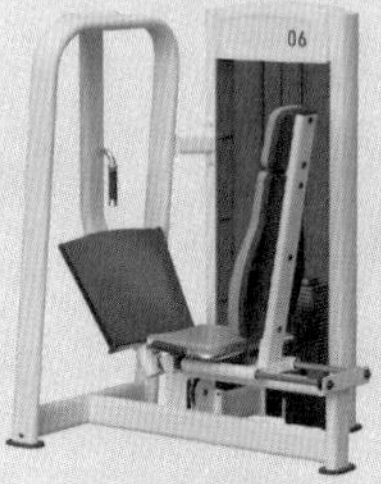

レッグプレス

【鍛える部位】尻・脚 ➲ 42ページ

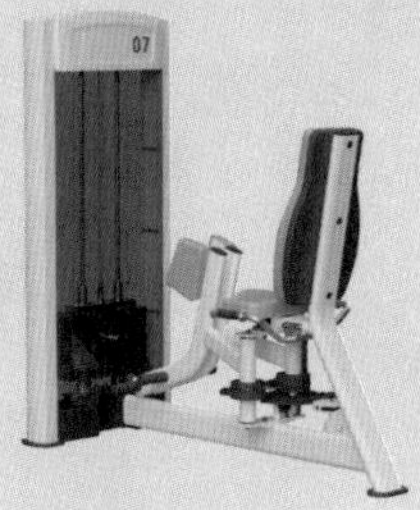

アダクション

【鍛える部位】尻・脚 ➲ 38ページ

―― 有酸素運動 ――

バイク

【鍛える部位】心肺 ➲ 46ページ

トレッドミル

【鍛える部位】心肺 ➲ 44ページ

おうちトレーニングで鍛えるあなたは ※一部上半身のトレーニングを含みます

バックエクステンション ➲ 62ページ　ベントオーバーロウ ➲ 64ページ

スクワット ➲ 82ページ　スプリットスクワット ➲ 84ページ

ラテラルスクワット ➲ 86ページ　ワイドスクワット ➲ 88ページ

2日目：上半身を鍛える

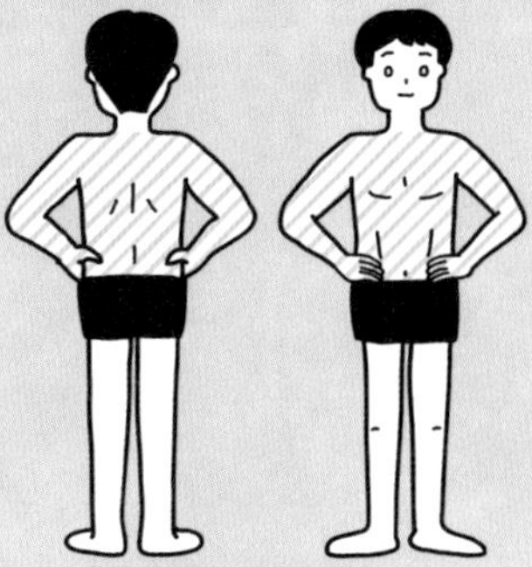

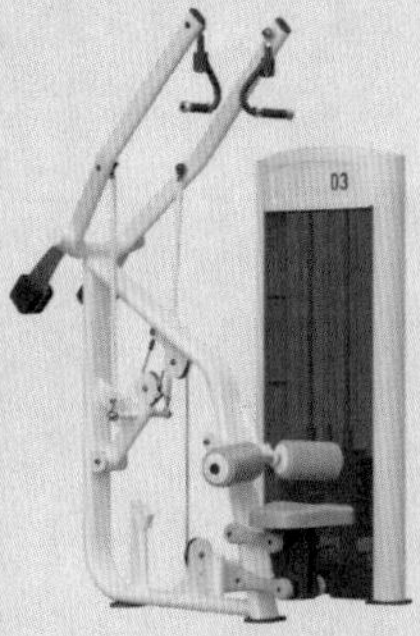

ラットプルダウン
【鍛える部位】背中➡32ページ

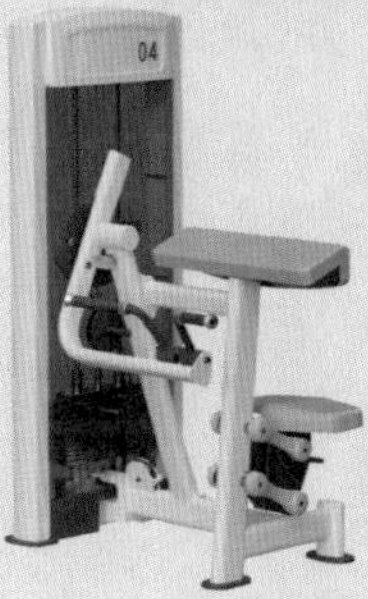

バイセップスカール
【鍛える部位】腕➡34ページ

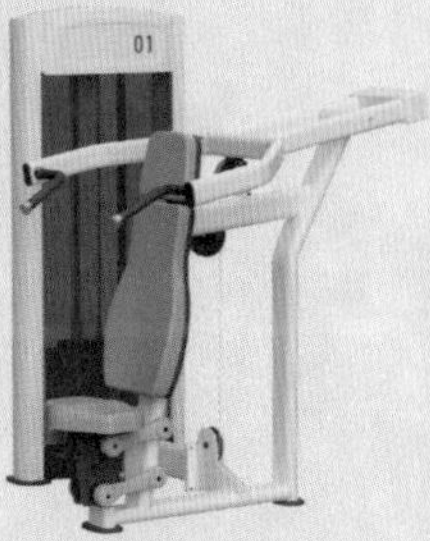

ショルダープレス
【鍛える部位】肩・腕➡26ページ

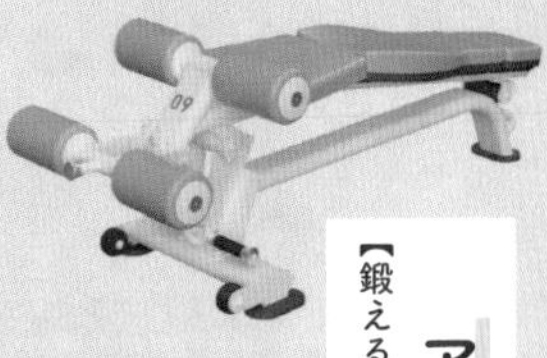

アブベンチ
【鍛える部位】腹➡28ページ

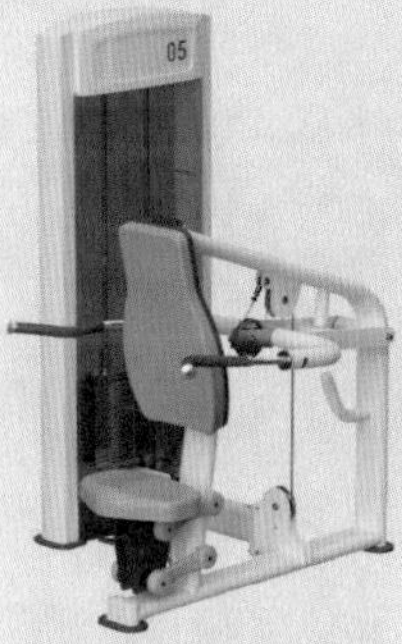

ディップス
【鍛える部位】腕・胸➡36ページ

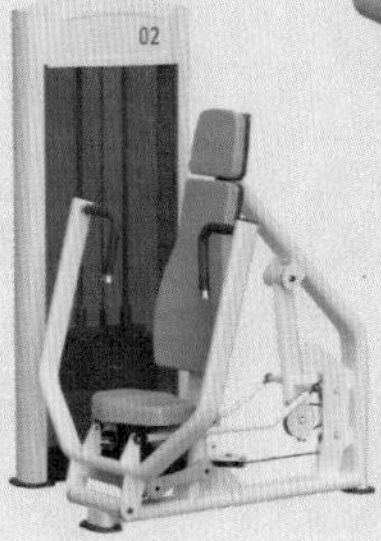

チェストプレス
【鍛える部位】胸・肩・腕➡30ページ

おうちトレーニングで鍛えるあなたは

プッシュアップ➡60ページ　デッドリフト➡66ページ　レッグレイズ➡68ページ
ニートゥチェスト➡70ページ　サイクリング➡72ページ　サイドレイズ➡74ページ
ショルダープレス➡76ページ　アームカール➡78ページ　キックバック➡80ページ

トレーニングの前後に行うべきこと

ウォームアップ

トレーニング前にはケガの防止や血行促進のためにもストレッチを行いましょう。筋肉を刺激しながら関節の可動域を広げて柔軟性を高める動的ストレッチがオススメです。カラダが温まり代謝を上げることができます。

クールダウン

トレーニング後にはゆったりとした動きの静的ストレッチを行いましょう。トレーニングで使った筋肉のリカバリーのためにカラダが冷える前に行うのが効果的です。反動や弾みをつけずゆっくりと筋肉を伸ばしましょう。筋肉に蓄積した疲労物質を排出することができ、筋肉の修復に効果的で、筋肉痛を起こしにくくなります。

chapter 3

チョコザップのマシントレーニング法とおうちでもできるトレーニング法

ここからは実際にトレーニングの方法を紹介します。初心者でも効かせたい部位にしっかりと効かせることのできるチョコザップマシンの使用がオススメですが、どうしてもチョコザップへ行けないときは、48ページからのおうちでもできるトレーニングを試してみましょう。

チョコザップ マシントレーニング上半身

ショルダープレス

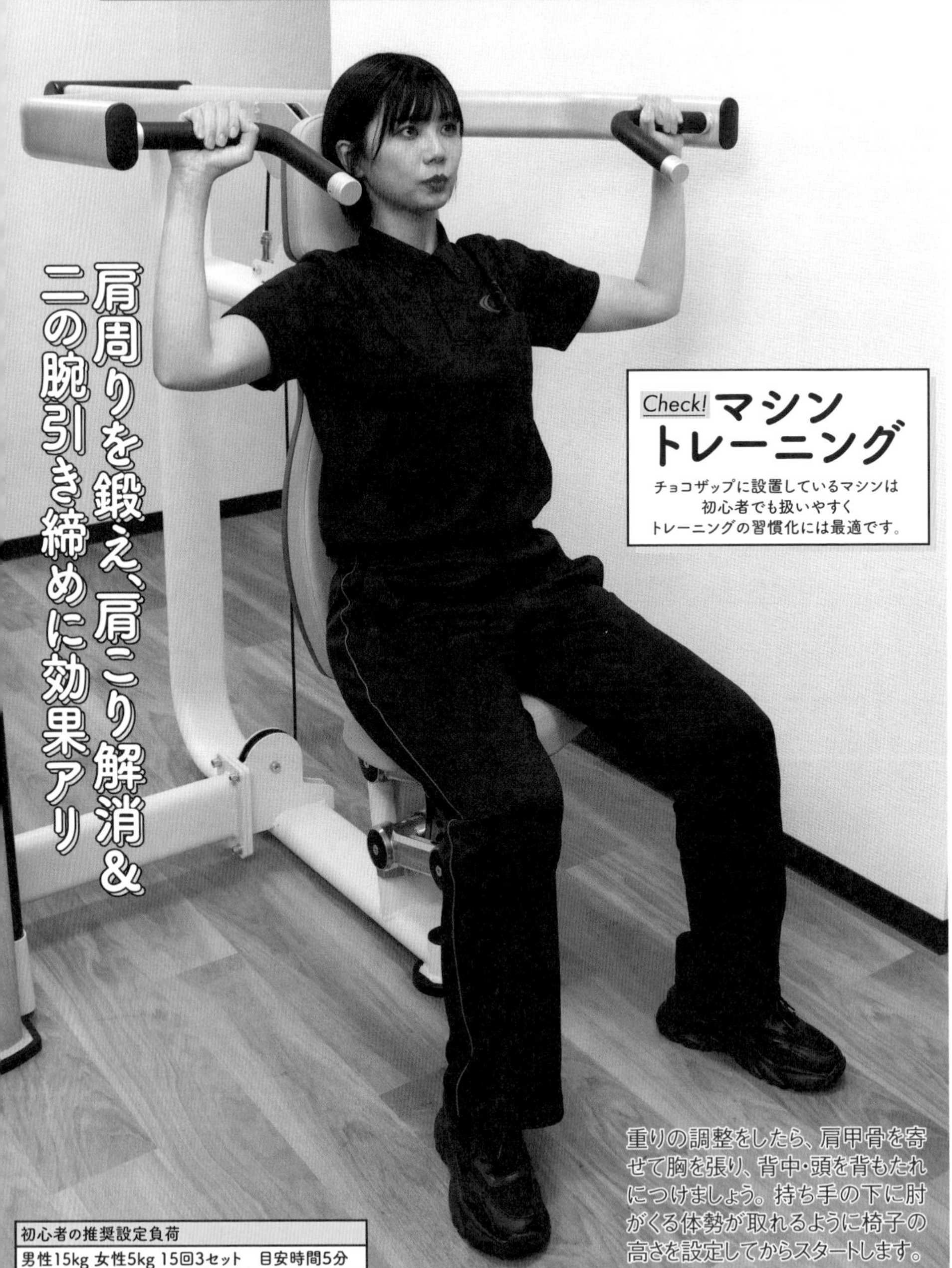

肩周りを鍛え、肩こり解消&
二の腕引き締めに効果アリ

Check! マシントレーニング

チョコザップに設置しているマシンは
初心者でも扱いやすく
トレーニングの習慣化には最適です。

重りの調整をしたら、肩甲骨を寄せて胸を張り、背中・頭を背もたれにつけましょう。持ち手の下に肘がくる体勢が取れるように椅子の高さを設定してからスタートします。

初心者の推奨設定負荷
男性15kg 女性5kg 15回3セット　目安時間5分

手首を反らさず、キツくなっても背中が背もたれから離れないように胸を張ることを意識して行ってください。

この部分が鍛えられます

☑肩周り

☑腕

ゆっくりと息を吐きながら腕を上げて、吸いながら腕を下ろしていきます。反動をつけずに、この動きを繰り返します。

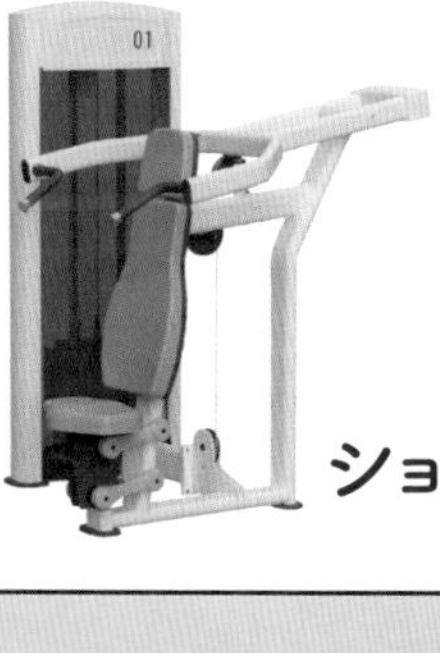

ショルダープレス

チョコザップ マシントレーニング上半身

アブベンチ

初心者の推奨設定負荷
男女とも 15回3セット　目安時間5分

脚を固定するパッドの下部にあるバーを動かし、ベンチの角度を調整します。膝裏と足の甲をパッドに合わせるため、パッド中央のツマミを引きながら角度を調整します。

お腹の引き締め
シックスパックをつくる

手は胸の前に置き、足をセットして仰向けに寝転がります。息を吐きながら、首・背中・腰の順にゆっくりと台からカラダを起こしていき、息を吸いながら元の体勢に戻っていきましょう。

手を胸の前で組んだ体勢で
動がしづらい場合は、反動を
わなければ頭の後ろで手を組
でも問題ありません。

キツくなっても反動を使わないようにします。手を使ったり、腰を反らしたりして反動を利用しないように運動を行いましょう。ベンチをつかむのもやめましょう。

この部分が
鍛えられます

☑お腹

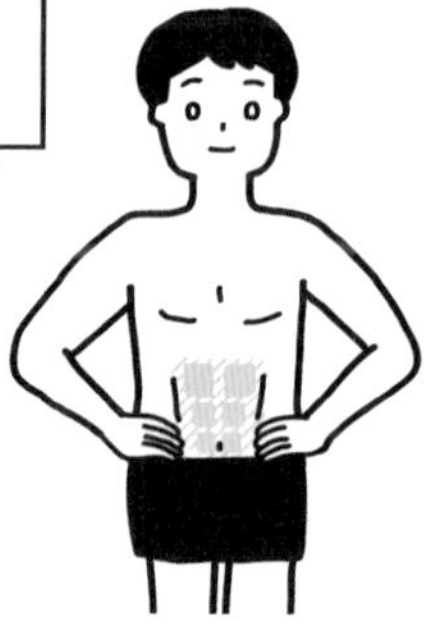

アブベンチ

チョコザップ マシントレーニング上半身

チェストプレス

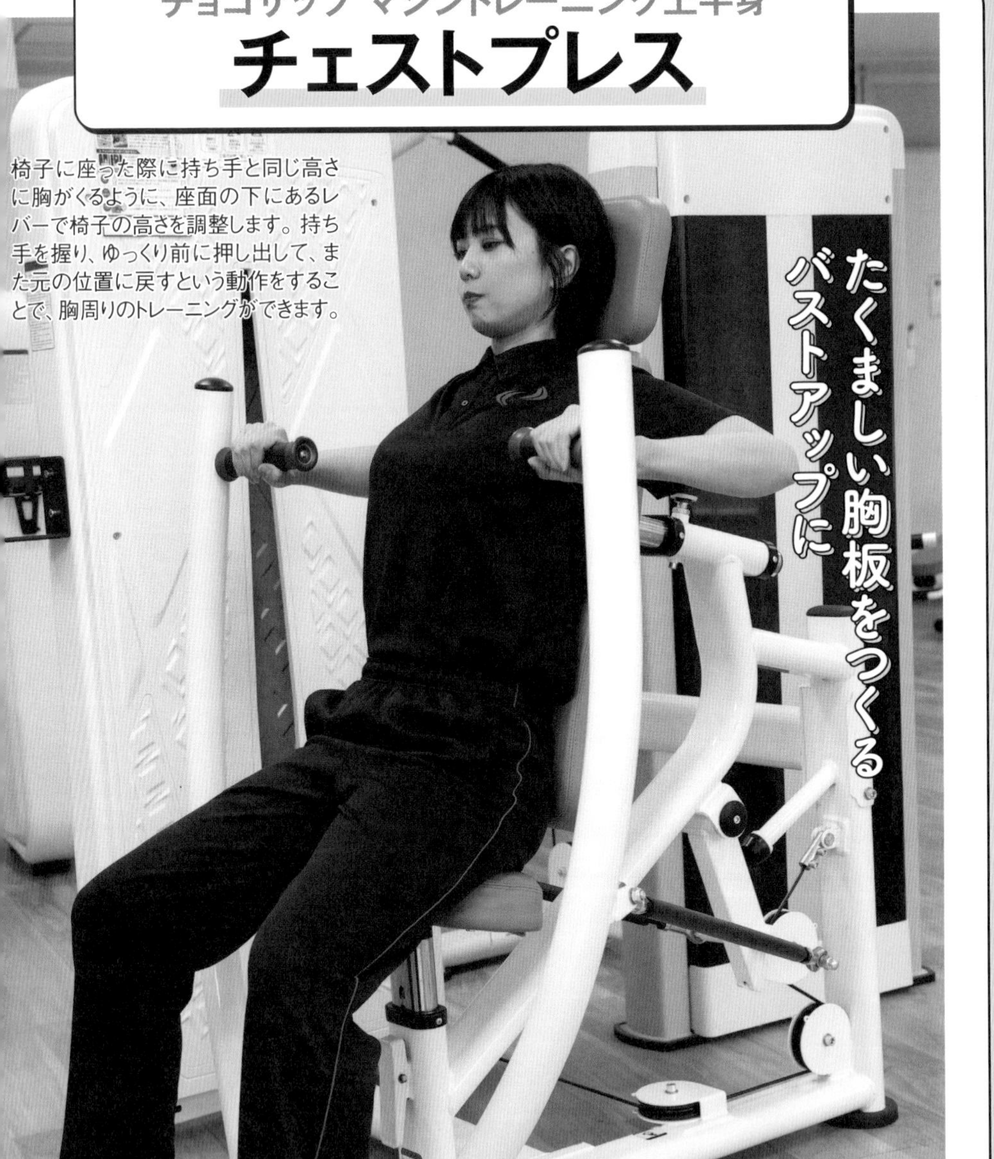

椅子に座った際に持ち手と同じ高さに胸がくるように、座面の下にあるレバーで椅子の高さを調整します。持ち手を握り、ゆっくり前に押し出して、また元の位置に戻すという動作をすることで、胸周りのトレーニングができます。

たくましい胸板をつくる
バストアップに

初心者の推奨設定負荷
男性20kg 女性10kg 15回3セット　目安時間5分

勢いをつけずに肘の位置を持ち手と同じ高さにキープして手首を曲げずに真っ直ぐ押し出しましょう。戻すときは肘と手首が同じ高さになるように気をつけながら戻していきましょう。

この部分が鍛えられます

- ☑胸
- ☑腕周り
- ☑肩まわり

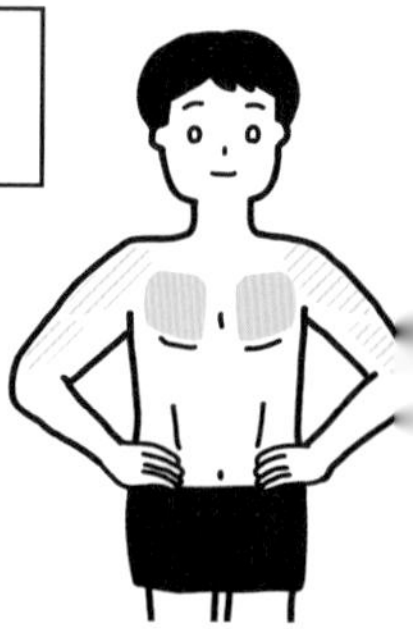

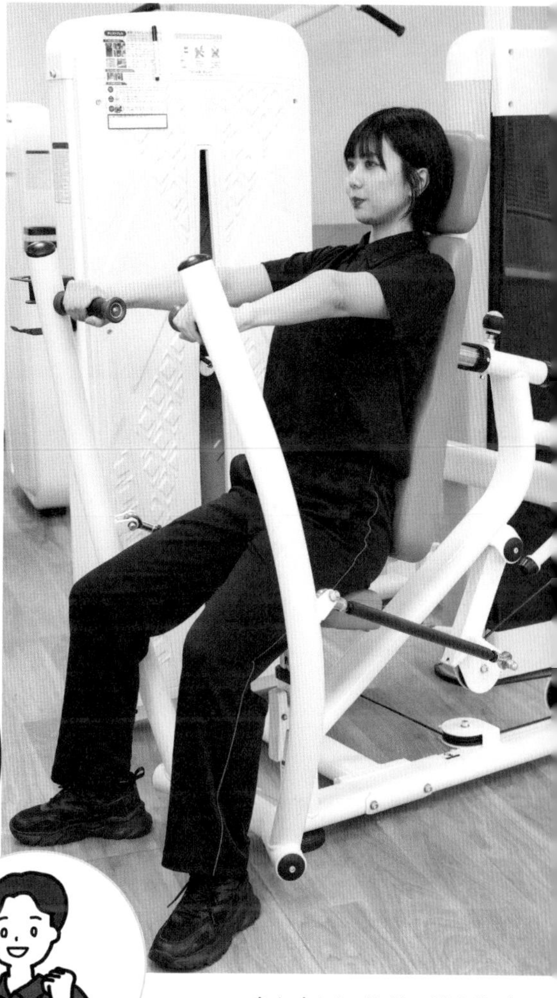

押し出したときも背中は背もたれにつけているのが正解

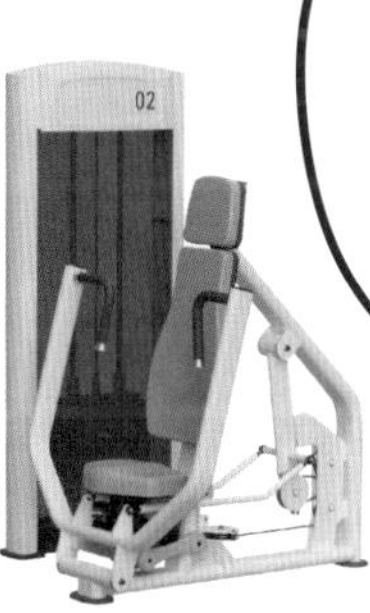

チェストプレス

息を吐きながら前に腕を伸ばして、持ち手を押し出します。息を吸いながら元に戻す運動を繰り返します。

チョコザップ マシントレーニング上半身

ラットプルダウン

背中の引き締め
姿勢の改善
基礎代謝の向上

重りの調整をしたらパッドのほうを向いて座り、パッド奥の黄色いレバーでパッドの高さを調整します。太腿がしっかり固定される位置に調整できたらスタートです。

初心者の推奨設定負荷
男性20kg 女性10kg 15回3セット　目安時間5分

引いたバーを元の位置に戻す際に上体を動かして戻すのではなく、上体は固定しましょう。キツくなっても反動は利用しないようにゆっくりと動作を行います。

この筋肉が鍛えられます

☑背中

肩がすくまないように肩甲骨を寄せます。少しカラダを後ろに倒し、息を吐きながら肘を曲げてカラダより後ろ側に肘がくるように引いていき、息を吸いながら戻す運動を繰り返します。

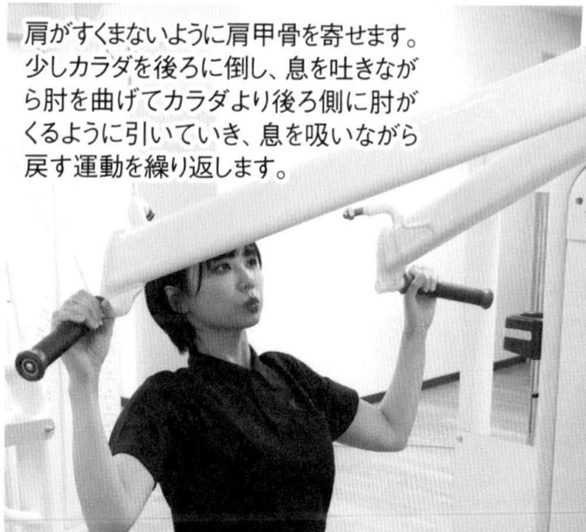

ラットプルダウン

チョコザップ マシントレーニング上半身

バイセップスカール

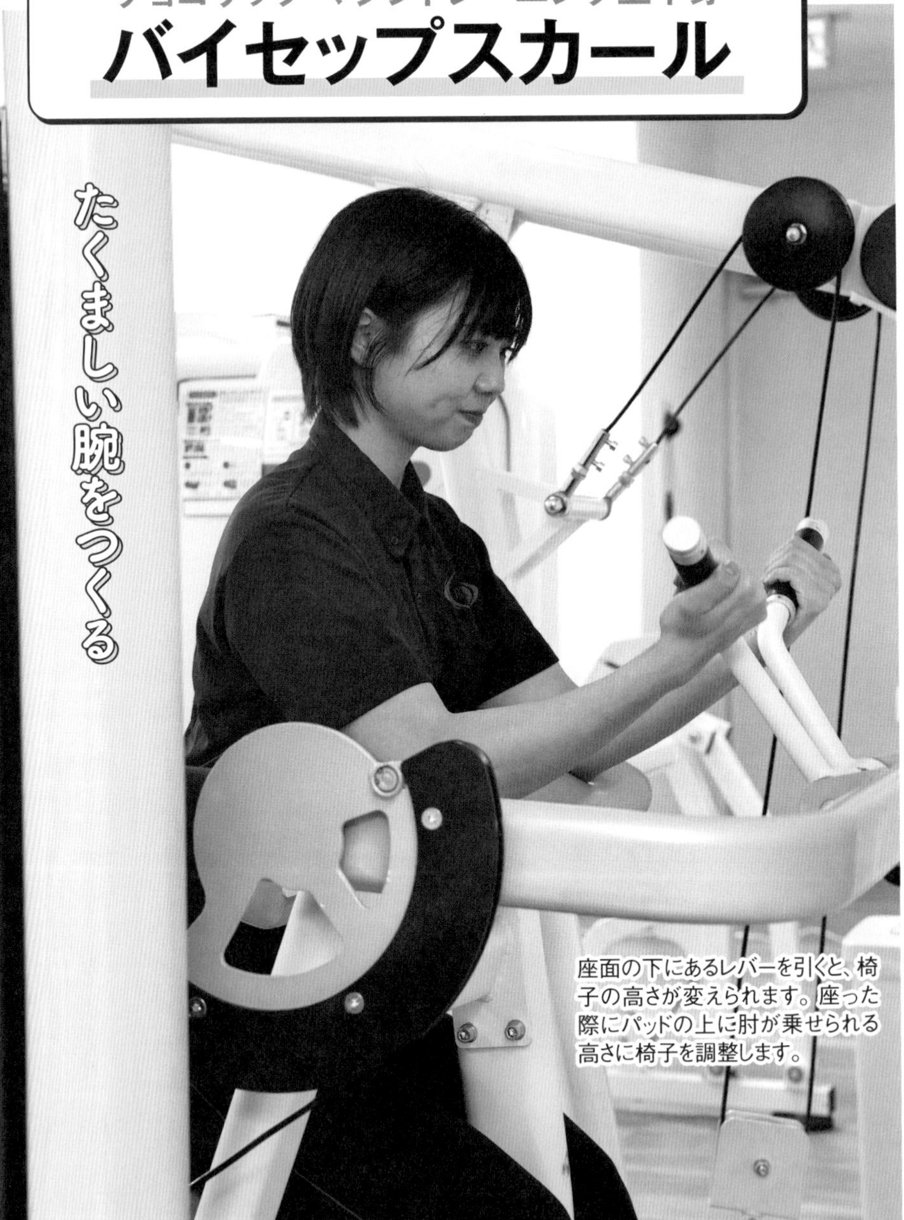

たくましい腕をつくる

座面の下にあるレバーを引くと、椅子の高さが変えられます。座った際にパッドの上に肘が乗せられる高さに椅子を調整します。

初心者の推奨設定負荷
男性10kg 女性5kg 15回3セット　目安時間5分

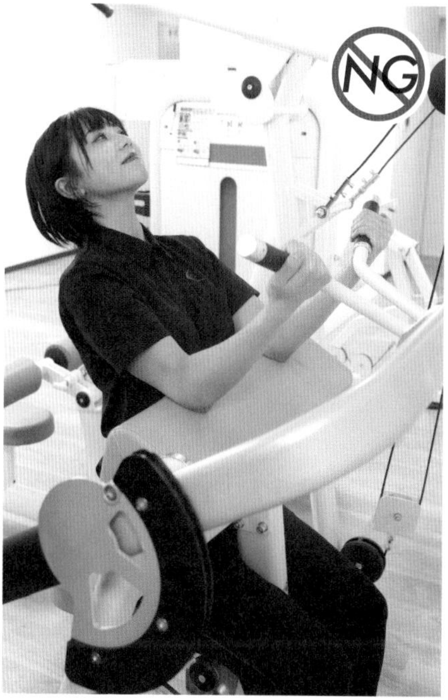

キツくなっても反動を使わずにゆっくりと動作を行います。肩から手のひらまで一直線にし、手首が反らないように持ち手をしっかり握ります。反動を使って、上半身が起き上がらないようにしましょう。

この部分が鍛えられます

☑腕

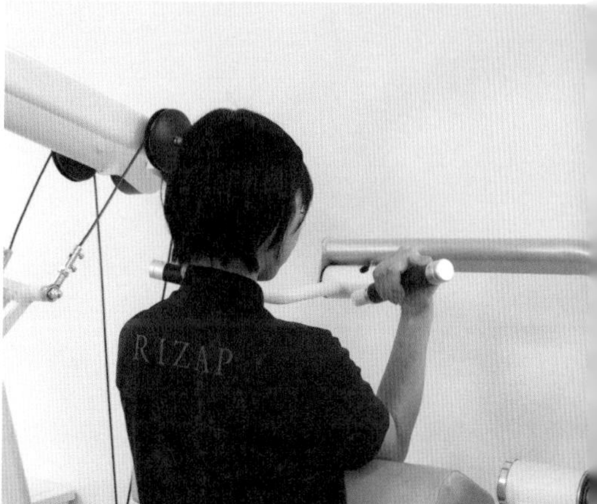

バイセップスカール

腕の幅は肩幅くらいに広げ、筋を伸ばしパッドの上に脇と肘しっかりくっつけます。息を吐ながら、ゆっくりと肘と肘を曲げいき、息を吸いながら元に戻運動を繰り返していきます。

チョコザップ マシントレーニング上半身

ディップス

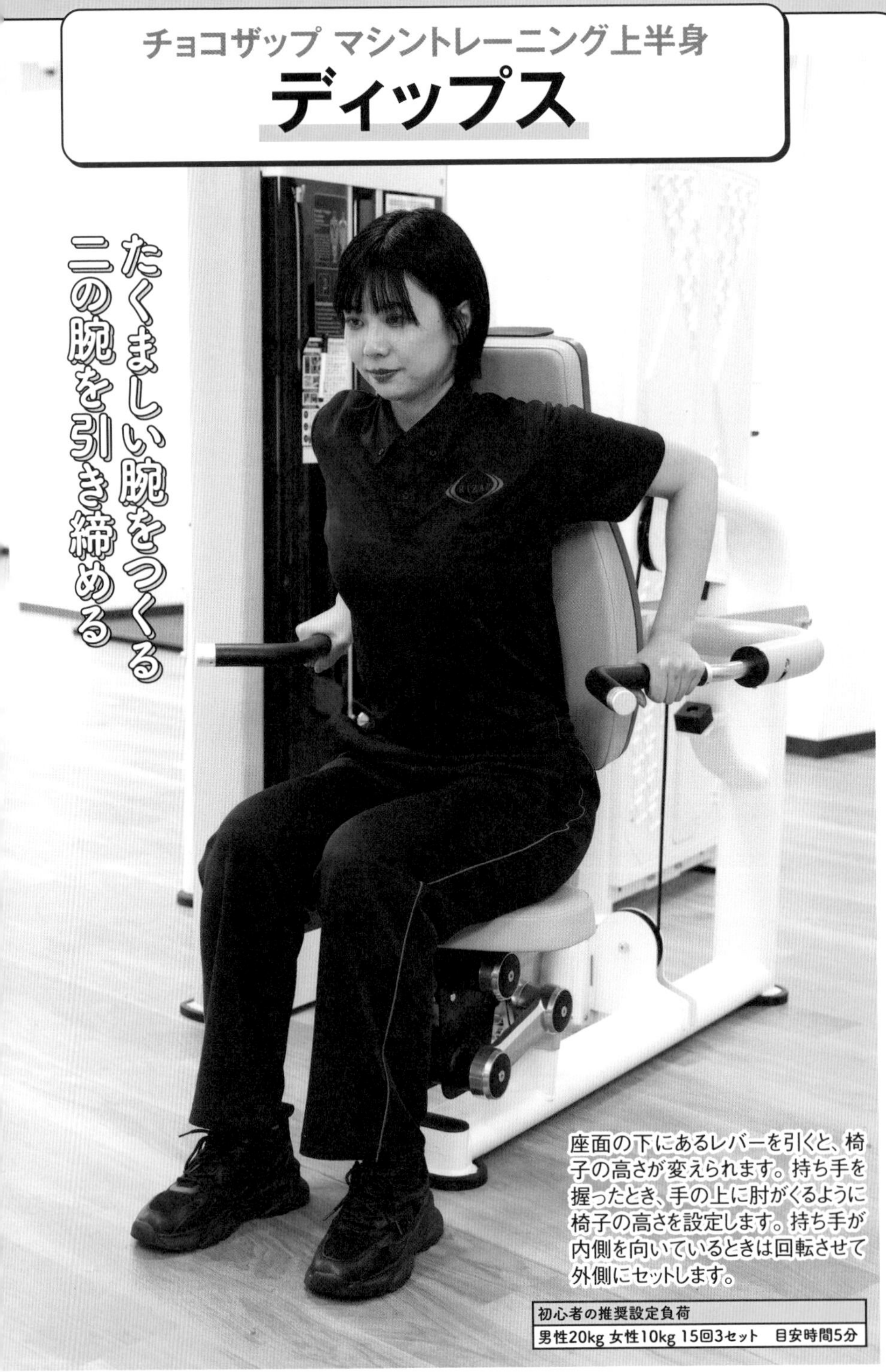

たくましい腕をつくる
二の腕を引き締める

座面の下にあるレバーを引くと、椅子の高さが変えられます。持ち手を握ったとき、手の上に肘がくるように椅子の高さを設定します。持ち手が内側を向いているときは回転させて外側にセットします。

初心者の推奨設定負荷
男性20kg 女性10kg 15回3セット　目安時間5分

腰から背中を背もたれにつけ、ゆっくりと息を吐きながら、バーを押し下げていき、息を吸いながら元の位置に戻していきましょう。

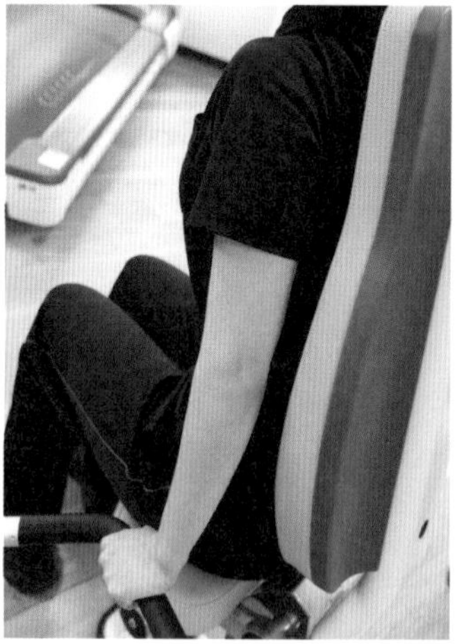

NG

腰を浮かせたり、反動をつけたりしないようにしましょう。バーを押し下げる際は肩をすくめたりカラダを丸めたりしないようにします。

ディップス

この部分が鍛えられます

- ☑腕
- ☑胸

チョコザップ マシントレーニング下半身

アダクション

内腿の引き締め
股関節の可動域を広げる

脚がパッドの外側にくるように座ります。両足はバーの上に乗せます。椅子の下にあるツマミで幅を調整できます。無理のない範囲まで広げましょう。

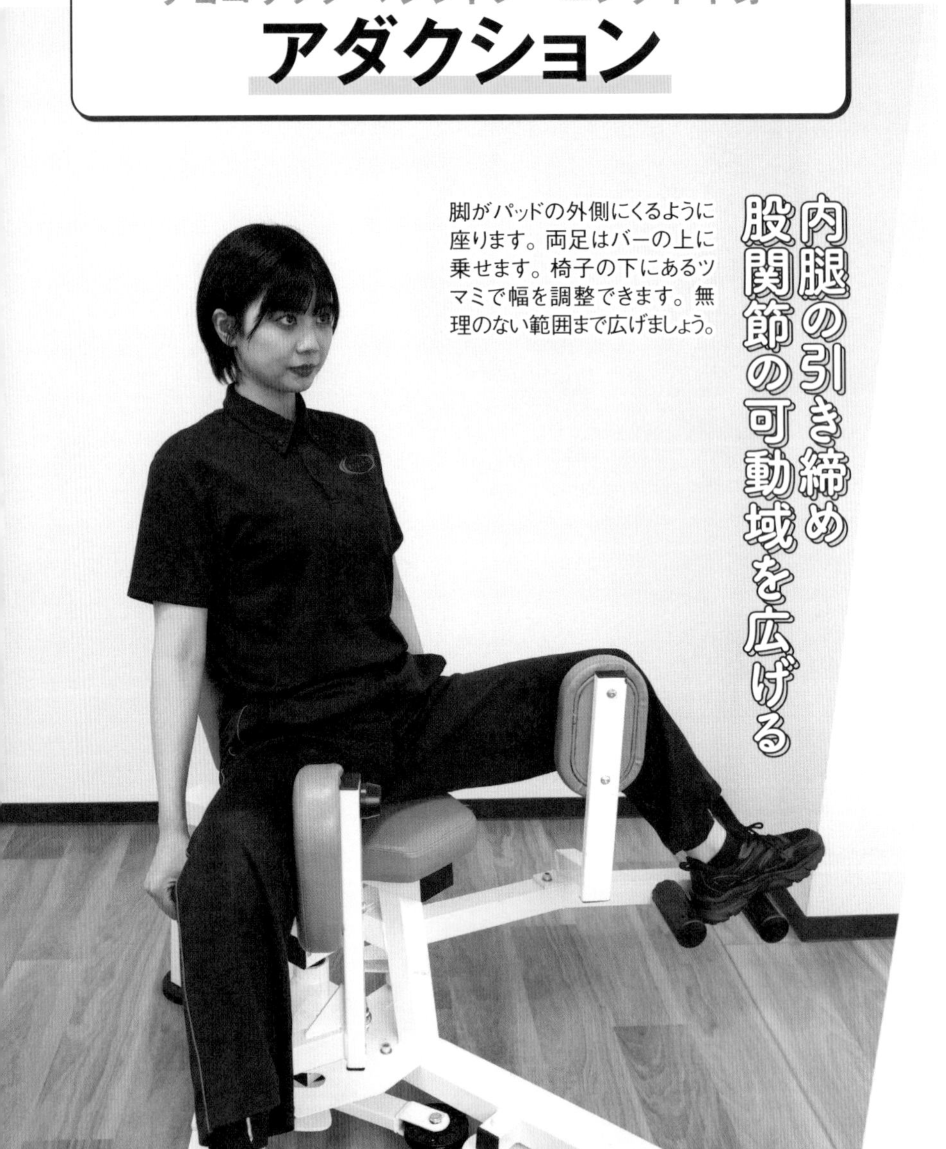

初心者の推奨設定負荷
男性30kg 女性20kg 15回3セット　目安時間5分

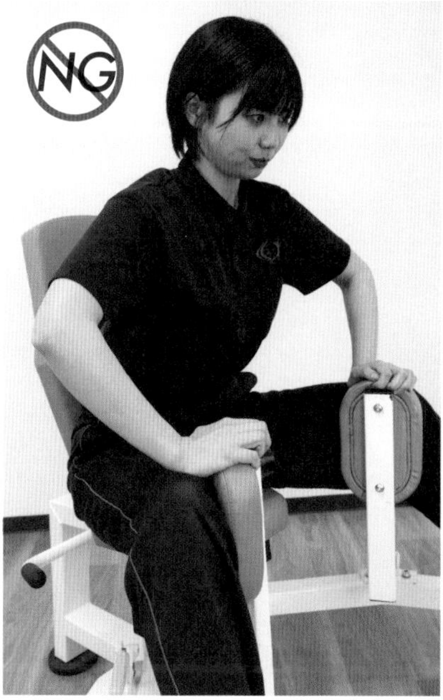

この部分が鍛えられます

- お尻
- 脚

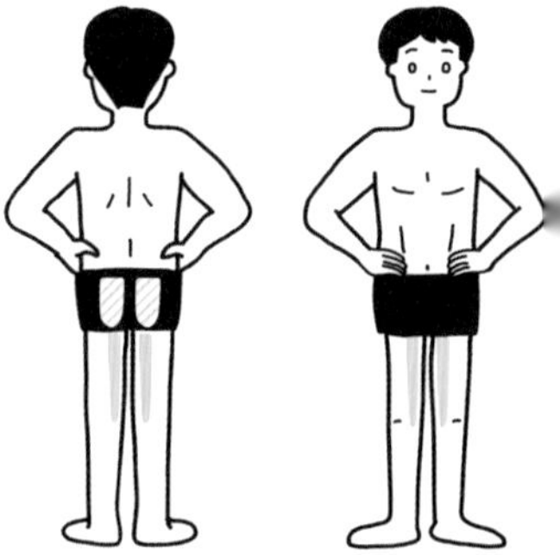

反動をつけずにゆっくりと運動することを心がけましょう。上体が背もたれから離れたり、手で補助したりしないようにします。

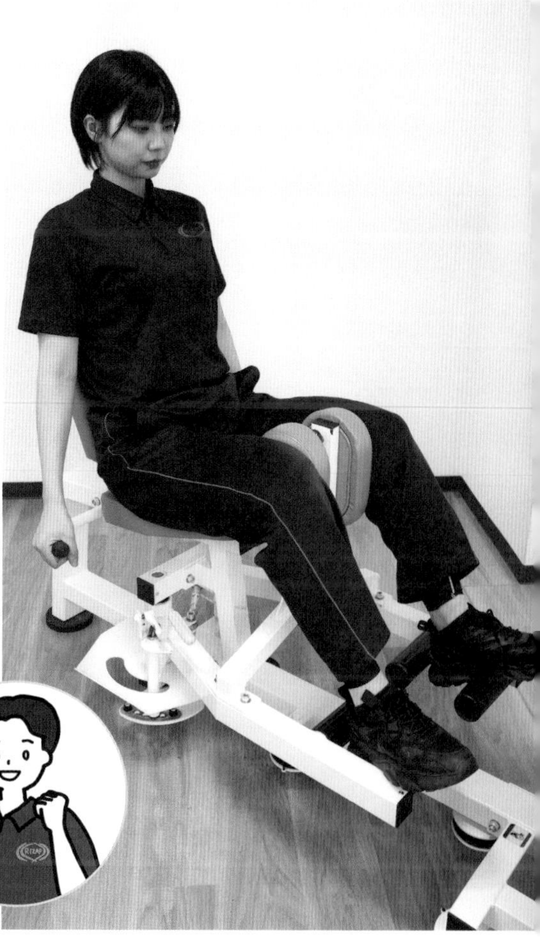

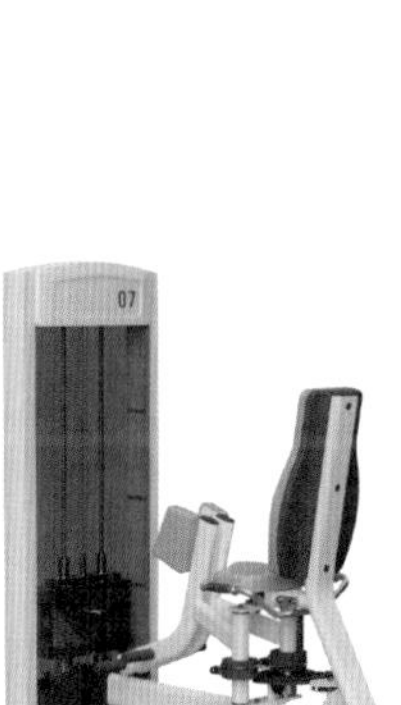

アダクション

脚を開いた体勢でスタートします。胸を張って両手で椅子の下の持ち手を握り、息を吐きながら脚を閉じ、息を吸いながら脚を開いていきます。

チョコザップ マシントレーニング下半身

アブダクション

ヒップアップと
脚全体の引き締めに

脚がパッドの内側にくるように座ります。両足はバーの上に乗せます。椅子の下にあるツマミで幅を調整できます。脚は閉じた状態でスタートします。

初心者の推奨設定負荷
男性30kg 女性20kg 15回3セット　目安時間5分

この部分が鍛えられます

☑お尻

☑脚

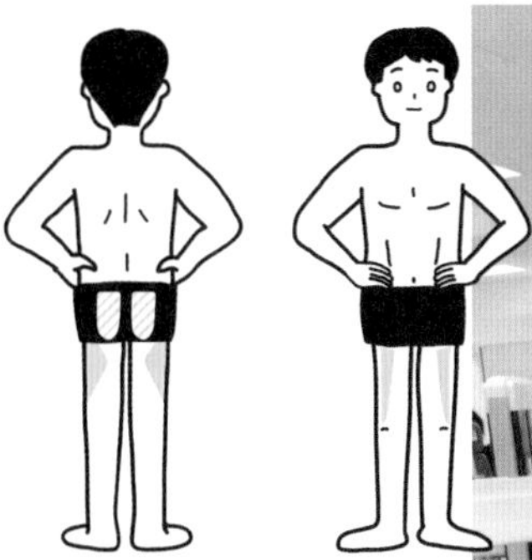

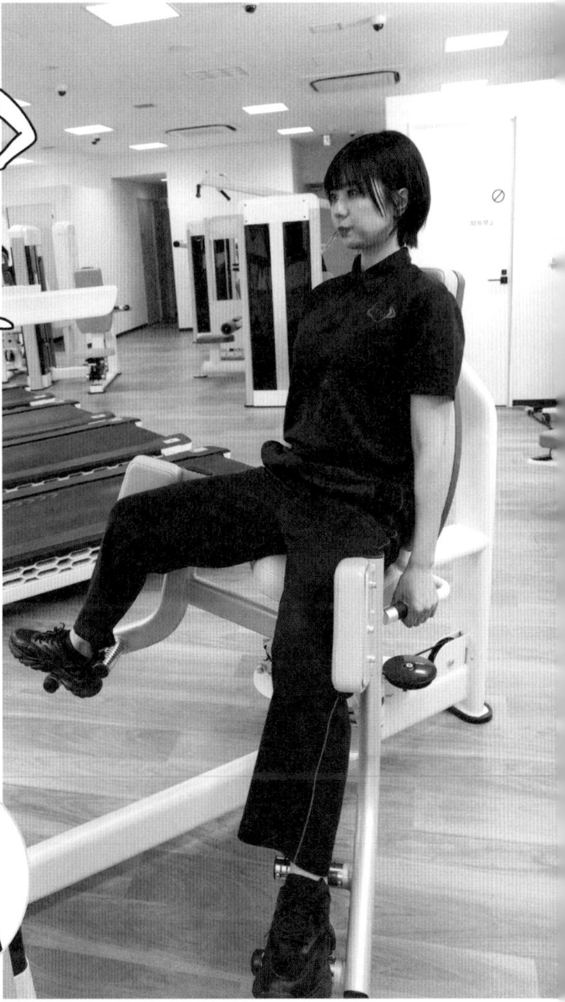

胸を張って両手で椅子の下の持ち手を握り、息を吐きながら脚を開き、息を吸いながら脚を閉じていきます。アダクションと逆の動きになります。

反動をつけずにゆっくりと運動することを心がけましょう。アダクションと同様に上体が背もたれから離れたり、手で補助したりしないようにします。

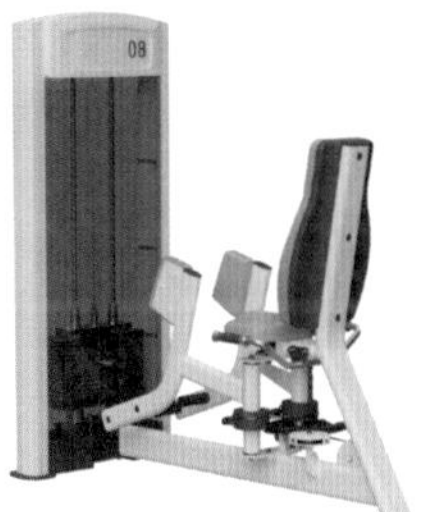

アブダクション

チョコザップ マシントレーニング下半身

レッグプレス

重りの調整をしたら、プレートに足を乗せていきます。脚を肩幅くらいに開き、つま先は少し外側に向けるようにしましょう。胸を張り椅子の下の持ち手をつかみ、息を吐きながらゆっくりとプレートを押していき、膝が伸び切る手前で戻します。

脚の引き締め
下半身の強化
基礎代謝向上

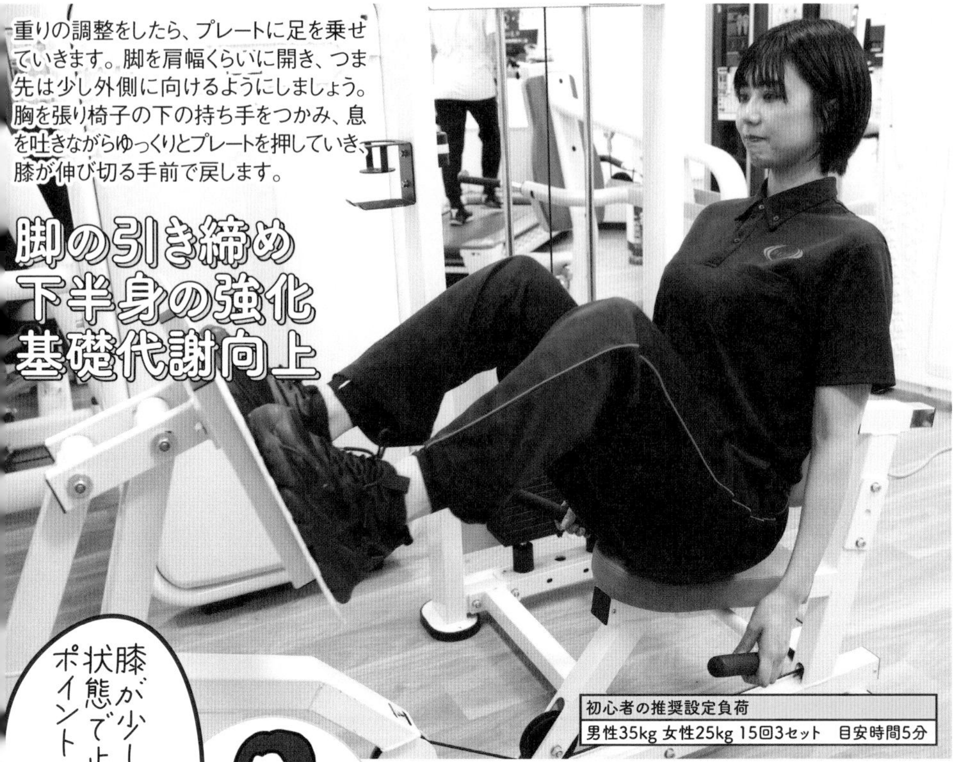

初心者の推奨設定負荷
男性35kg 女性25kg 15回3セット　目安時間5分

プレートを押し込んだ脚は膝が少し曲がるくらいで止め、今度は息を吸いながら元のポジションに戻していきます。

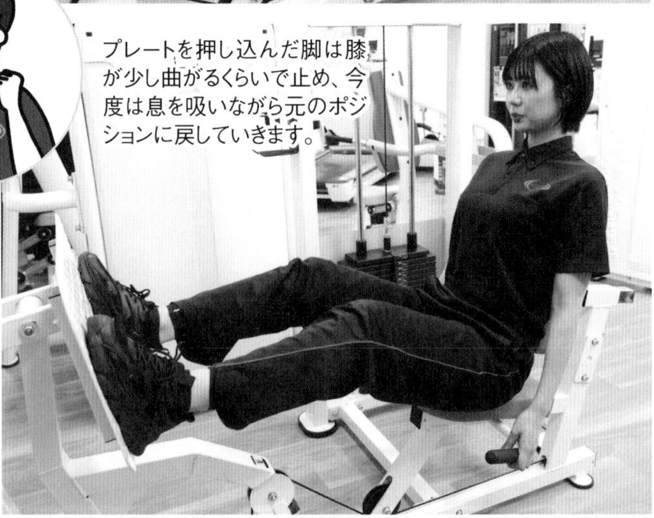

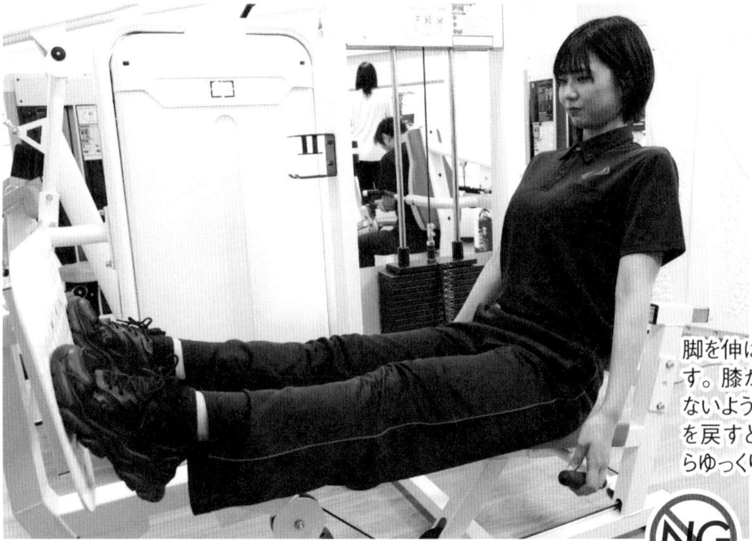

脚を伸ばし切らないようにします。膝が内側や外側に向かないようにしましょう。プレートを戻すときも負荷を感じながらゆっくり戻しましょう。

NG

反動はつけずにゆっくりと正しい姿勢で運動を繰り返しましょう。つま先を伸ばしたり、上体が背もたれから離れたりしないように心がけましょう。

この部分が鍛えられます

☑脚

☑お尻

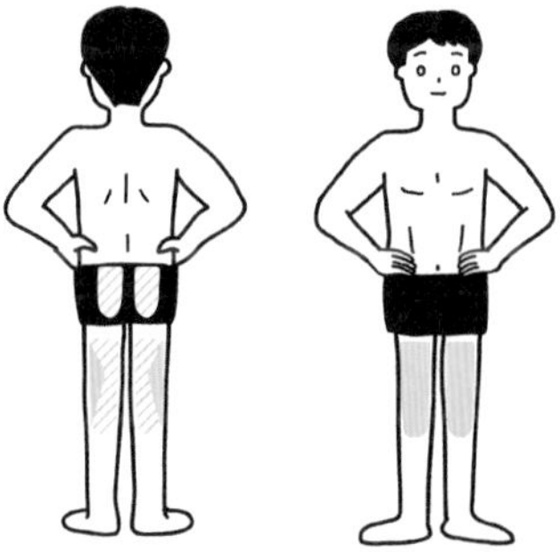

レッグプレス

チョコザップ マシントレーニング有酸素

トレッドミル

パネルのスタートボタンを押して、動き出したら矢印ボタンでスピードを調整します。最初は傾斜0でスピードは5から始めてみましょう。

脂肪を消費し、心肺機能を向上
疲れにくいカラダに

初心者の推奨設定負荷

男性6 女性5　目安時間15分

マシンから落ちないようにベルトの前、もしくは真ん中で運動します。操作画面と同じ向きで使用するようにしましょう。スピードや傾斜を上げすぎてフォームが崩れないようにします。

この部分が
鍛えられます

☑心肺

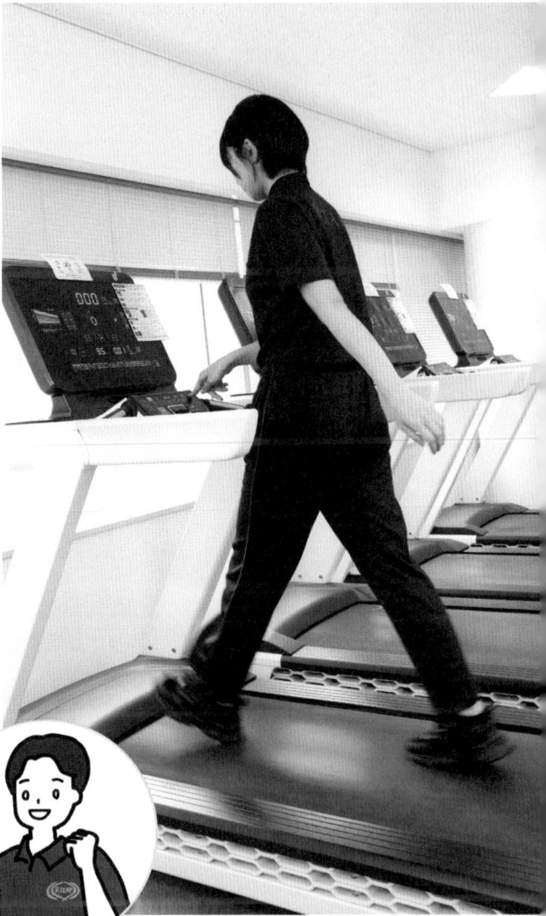

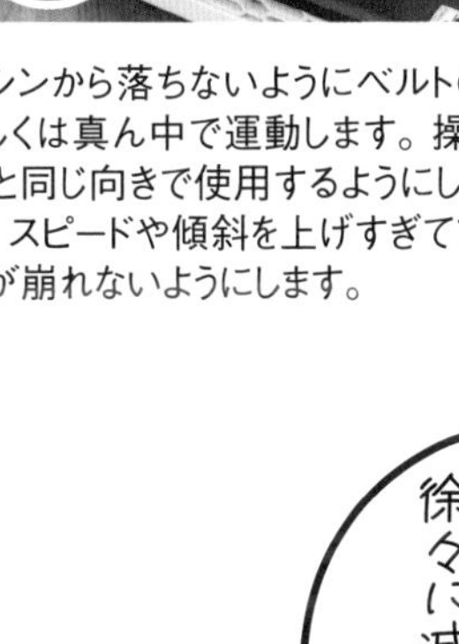

トレッドミル

走るときはできるだけ目線は真直ぐ前を向いて背筋を伸ばした状態で走っていきましょう。目安の時間が過ぎたら、ゆっくりとクールダウンしましょう。

チョコザップ マシントレーニング有酸素

バイク

膝に過度な負担をかけずに心肺機能を向上

サドルは高さと前後の調整ができます。ペダルをこぎ始めると電源が入り、スタートボタンを押すとスタートします。UPボタンで負荷を上げたり、DOWNボタンで下げたりできます。

初心者の推奨設定負荷
男性3 女性2　目安時間15分

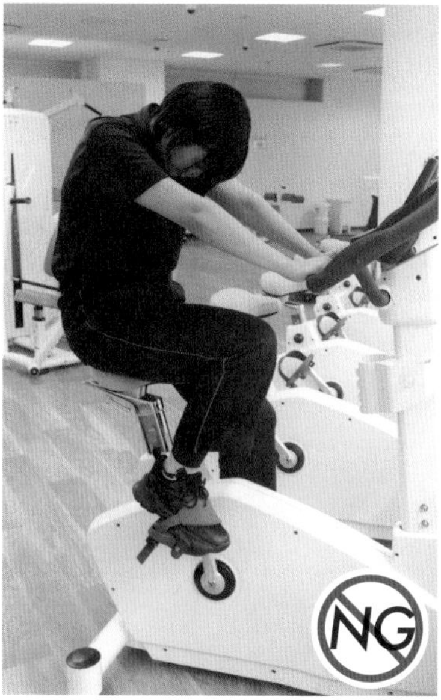

背中が丸まってしまうと腰に負担がかかってしまうので注意しましょう。体勢が崩れるような負荷はかけないようにしましょう。サドルからお尻が浮かないようにします。

この部分が鍛えられます

☑心肺

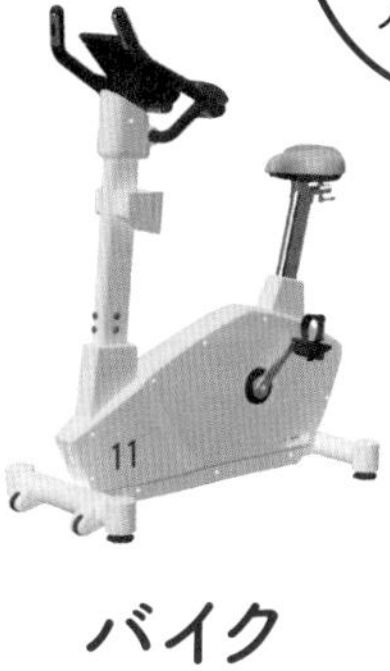

バイク

胸を張って背筋を伸ばした状態で、しっかりと両手でハンドルを握ります。目線は落とさず真っ直ぐ前を向いたままこいでいきます。

おうちでもできるトレーニング ウォームアップ

チェストオープナー

**胸を伸ばし肩甲骨を寄せることで
肩こり・猫背の防止効果が期待できます。**

Check!

おうちでもできるトレーニング

自宅でもトレーニングは可能です。動的ストレッチのあとに自重トレーニングを行い、より効果を上げていきましょう。

1

片方の肘を曲げて手を頭に添え、膝立ちの三点ポジションからスタートしましょう。

2

痛みが出ない程度に頭に添えた腕の方向に、上半身を捻っていきます。捻るときは息を吐きながら行いましょう。

3

片方をゆっくりと数回繰り返したら、手をかえて反対方向へ同様に捻ります。

4

上半身の動きにつられて下半身が前後左右に振られないように、下半身はしっかり固定するのがコツです。

おうちでもできるトレーニング　ウォームアップ

キャット＆ドッグ

肩甲骨、胸椎、骨盤の動きがよくなり、
腰痛予防、姿勢改善へとつながります。

1

肩の真下に両手を置き、骨盤の真下に膝がくるように四つんばいになります。

2

息を吐きながら頭を下げて、骨盤を持ち上げ、背中を上げながら丸まっていくように伸ばします。

3

息を吸いながら下げていた頭を上げて、丸めた背中を今度は肩甲骨を寄せながら、骨盤の位置を元に戻していき、腹部も伸ばしていきます。

4

呼吸を意識しながら、スタートポジションに戻ります。2～3を10回を目安に繰り返します。動きはゆっくりと行うことを意識してください。

おうちでもできるトレーニング ウォームアップ

スパイダーマン

**股関節からハムストリングまで
下半身の柔軟性を高める効果的なストレッチ。**

1

スタートポジションは腕立て伏せの状態。肩から脚までを一直線の姿勢にしましょう。

2

スタートポジションのまま片方の脚を同じ側の手の横に踏み出します。

3

背筋を伸ばしたまま、踏み出した脚側の肘を床につけます。自然と上体は下に向かいます。

4 前に出していた脚と床につけていた肘を伸ばします。お尻は天井方向に向かう形になります。

5 4の体勢から、さらに前に出した脚のつま先を上に向け、ふくらはぎを伸ばすようにします。スタートポジションに戻り、反対の手足で同じ動きを繰り返します。写真の1→2→3→4→5→4→2→1の準備、スタートポジションに戻り、反対も行います。

非常に柔軟性が必要なストレッチですが、2までだけでも効果はあります。無理な人は2まで、もしくは3までを左右繰り返しましょう。

おうちでもできるトレーニング ウォームアップ

バックランジwithツイスト

**脇腹から股関節まで広い部分をほぐしつつ、
カラダを温める効果があります。**

1

目線は前方、脚は腰幅程度に開きリラックスした状態からスタートしましょう。

2

片方の脚を大きく後ろに引き、前の脚は直角くらいまで膝を曲げます。背筋を伸ばしながら腰を落とします。

3

背筋は伸ばしたまま
引いた脚側の腕を
ピンと上に伸ばし、
脇腹も伸ばします。

5

下げているほうの手は引いた脚に触れるくらいのイメージで捻ります。さらに後ろに引いたほうのお尻に力を入れることで、お腹と下半身をつなぐ腸腰筋がより伸びます。

4

上げた腕の反対側に上体をツイスト。引いた脚を元に戻して、反対側の脚を引き、2〜4の動きを繰り返します。

おうちでもできるトレーニング ウォームアップ

トゥタッチプログレッション

背中にアプローチし、ハムストリングをはじめ広範囲に効くストレッチ。

2

背筋を伸ばしたまま、股関節から上半身を倒していきます。

1

背伸び状態になり、天井に向かって全身を伸ばすイメージで行います。

3

前屈体勢になっても背筋が丸まらないように、胸を張った状態が望ましいです。

4

つま先に手がタッチしたときはまだ背筋も膝も真っ直ぐをキープできると効果的です。

5

手をつま先にタッチしたまま腰を落としていきます。顔は上げて目線は前方を見るようにし、胸を張ります。

6

背筋を伸ばし、胸を張った状態でお尻を上げていき、ここまでの動作を逆に行って元の体勢に戻ります。

おうちでもできるトレーニング ウォームアップ

グッドモーニング

下半身ストレッチのみならず、脊柱起立筋にアプローチでき姿勢改善を目指せる種目です。

1

手は頭の後ろで組み、脚は肩幅程度に開きます。背筋は伸ばしてスタートします。

2

上半身を真っ直ぐにしたままお尻を後ろに引くようにしてカラダを前に倒していきます。

3

上体を倒すときは息を吐きながら行います。上半身が床と平行になるまで倒すのが目安。背中が丸まらないように注意しましょう。

4

上半身の姿勢を維持できる限界まで倒したらカラダを起こしていきます。ゆっくりと10回程度繰り返すことで、筋トレへの準備が整います。

おうちでもできるトレーニング 上半身

プッシュアップ

**いわゆる腕立て伏せ。シンプルで手軽な
トレーニングの王道です。**

この部分が
鍛えられます

☑胸

☑腕

☑肩

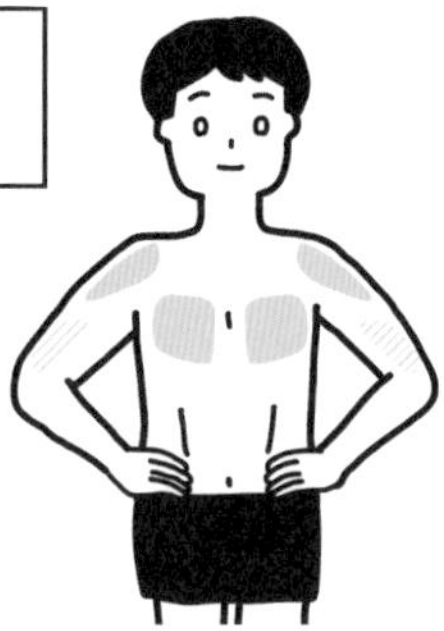

1 足を伸ばしてつま先を立て、頭から足首までが真っ直ぐになるような体勢から床にカラダがつかないように肘を曲げていきます。

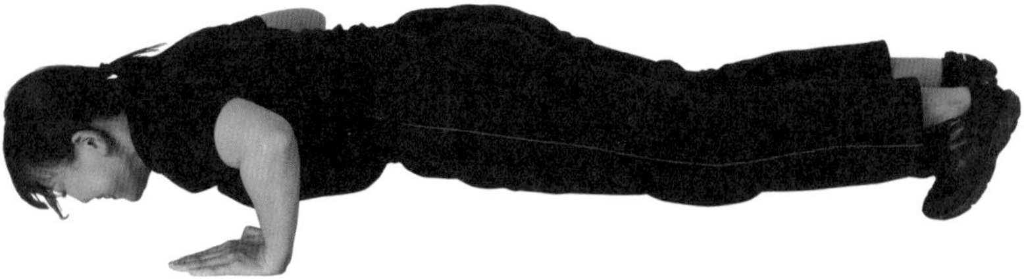

2 床を押して肘を伸ばし、カラダを持ち上げましょう。1と2を繰り返します。

初心者の推奨設定負荷
男性10回 女性5回 3セット

1〜2が難しい方は こちらに挑戦しましょう

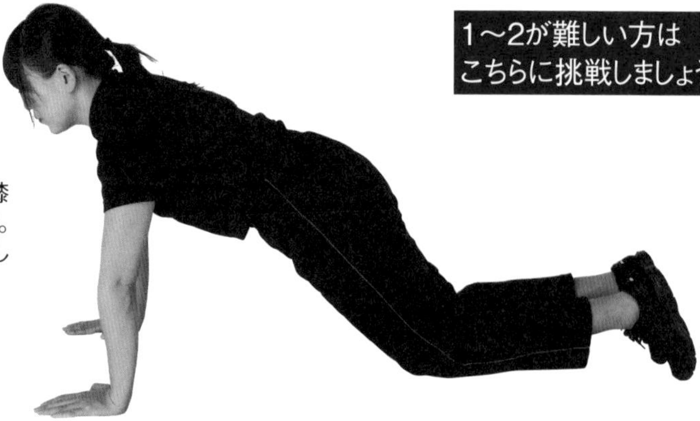

a

女性にはハードなので、膝立ちスタートが一般的です。この場合はつま先は伸ばしても構いません。

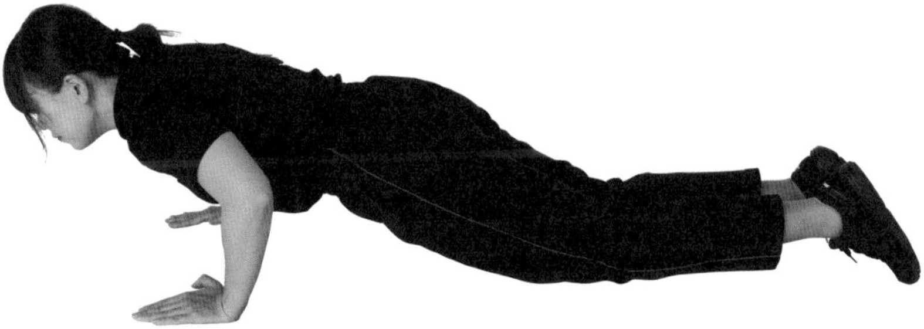

b

通常と同様に脇を締めながら膝から上を床に近づけていきましょう。

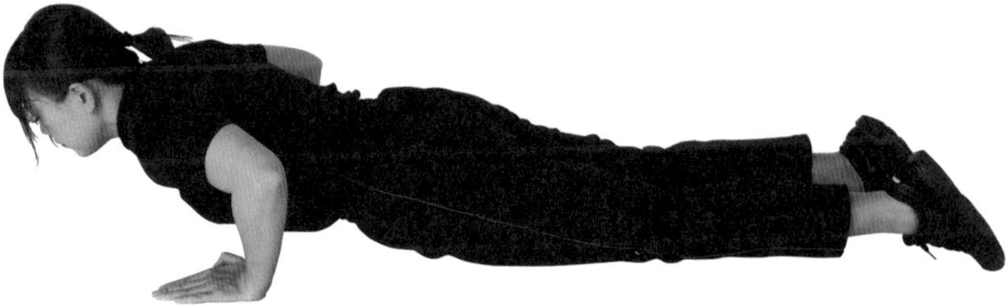

c

上体が床につくギリギリまで頑張ってみましょう。起き上がるときは上体を反らさないように。

おうちでもできるトレーニング 上半身

バックエクステンション

ベーシックな背筋運動。腰痛や肩こり改善にも効果があるほか、姿勢の矯正にも役立ちます。

1

床にうつ伏せになり、手を軽く耳元に添えます。脚は軽く開きつま先を伸ばしてスタートします。

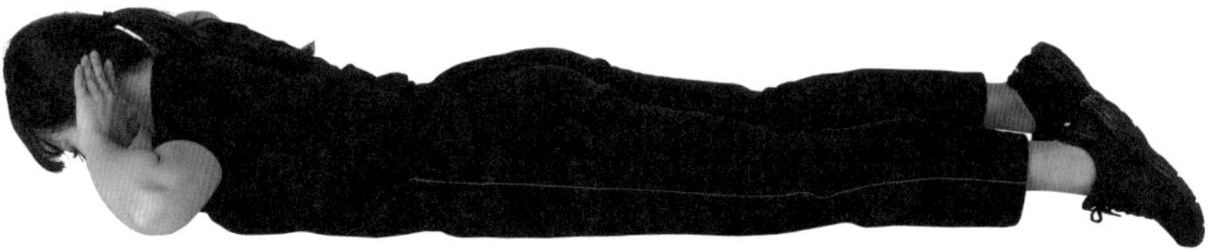

2

なるべく脚を浮かさないように、顔を上げ、上半身をゆっくり起こしていきましょう。限界まで上体を上げたら、ゆっくりと1の体勢に戻します。

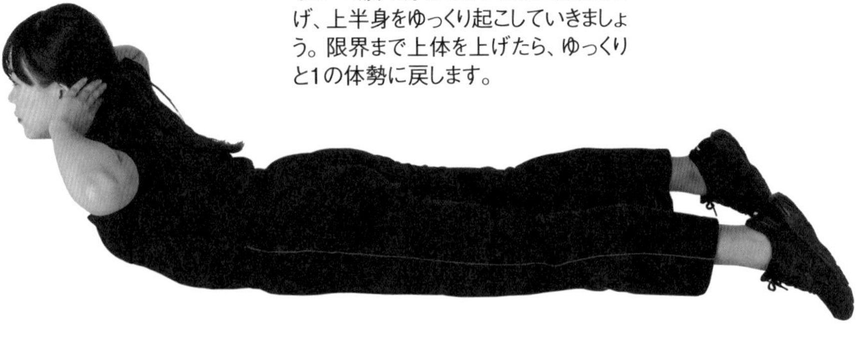

初心者の推奨設定負荷
男性10回 女性5回 3セット

この部分が
鍛えられます

☑背中

3

勢いをつけると腰を痛めることにもなりかねません。ゆっくり動くのはキツいですが、背中の筋肉を意識しながら動かしましょう。

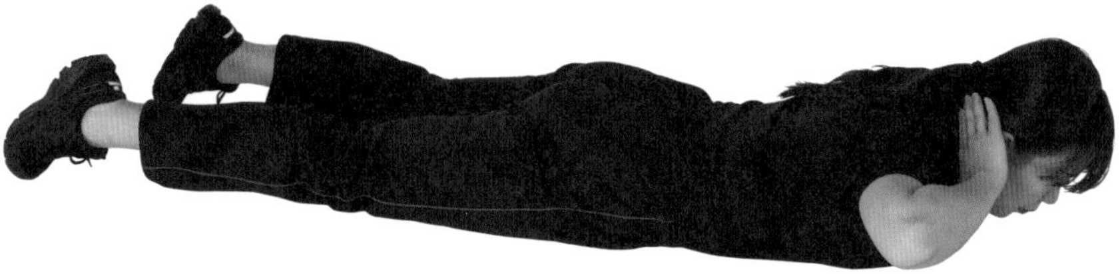

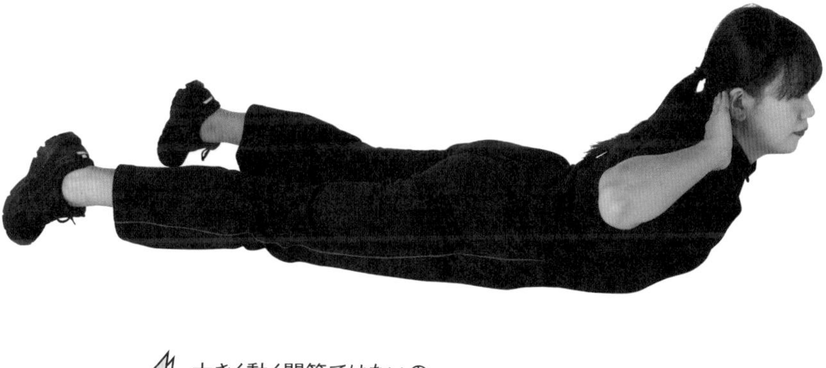

4

大きく動く関節ではないので、あまり上体を反らせることは意識せず、自分が上がる範囲で続けましょう。

おうちでもできるトレーニング 上半身

ベントオーバーロウ

**主に背中の筋肉全域に効くと同時に腕にも
アプローチできます。**

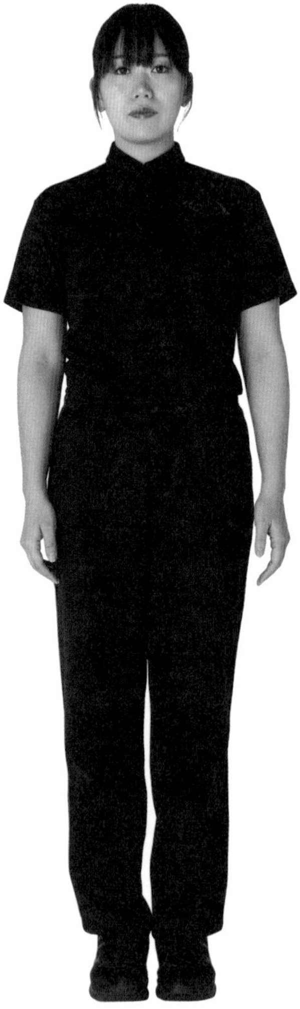

1

真っ直ぐに立ち、ここから肩幅程度に脚を広げ、背筋を伸ばし、腕は自然に下ろしてスタートします。

2

股関節と膝を少し曲げ、軽く握った手がウエストのあたりまでくるよう、背中を使って両肘を上げていきます。

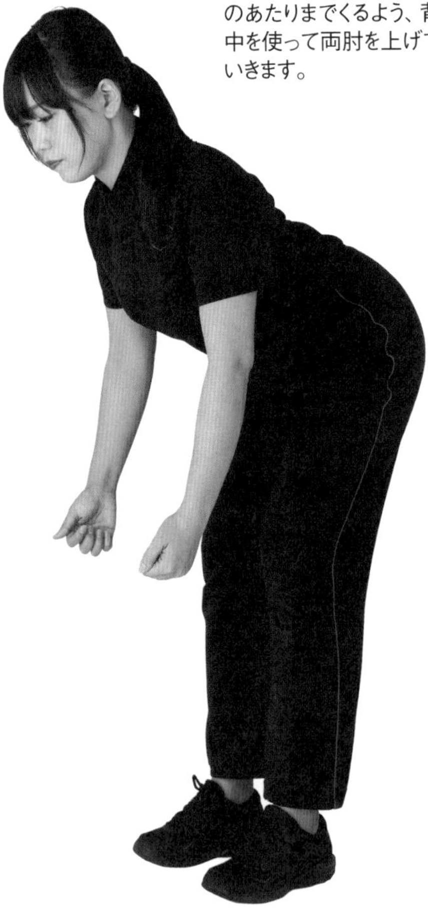

この部分が
鍛えられます

☑背中
☑腕

3

股関節と膝をキープし、背筋を伸ばした状態で、ゆっくりと肘を下ろしていき、この動きを反復します。

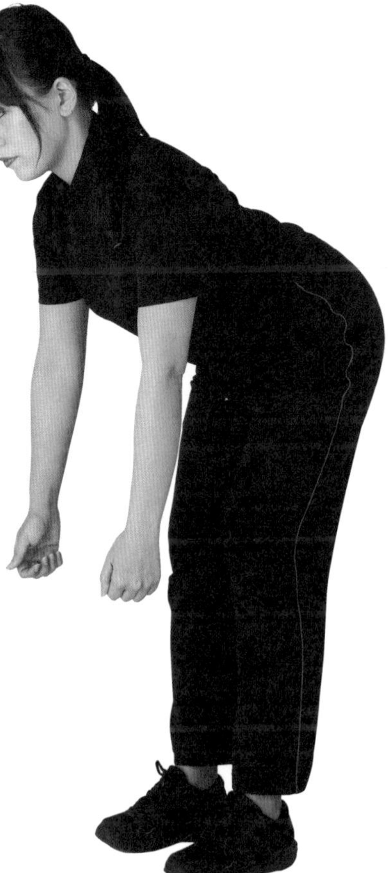

4

肩甲骨を寄せて、背中を意識しましょう。より高度な負荷をかけるために水の入ったペットボトルを持つのもオススメです。

初心者の推奨設定負荷
男女とも 15回3セット

おうちでもできるトレーニング 上半身

デッドリフト

背中側の筋肉全般に作用し、
下半身の筋力アップにも効果が高い運動です。

2ℓのペットボトルなどの重りを持ち、まずはその重み通りに腕を下ろし、背筋を伸ばし、目線は前方に。

1

2

膝を軽く曲げ骨盤を前傾しながら、腕は重みに逆らわず伸ばしたまま、上体を倒しましょう。背筋は丸まらないように、伸ばしたままで行いましょう。

この部分が
鍛えられます

- ☑背中
- ☑お尻
- ☑脚

3

カラダを起こしていくときが一番負荷がかかります。背筋で上体を起こしてから膝を伸ばしていく意識で行いましょう。

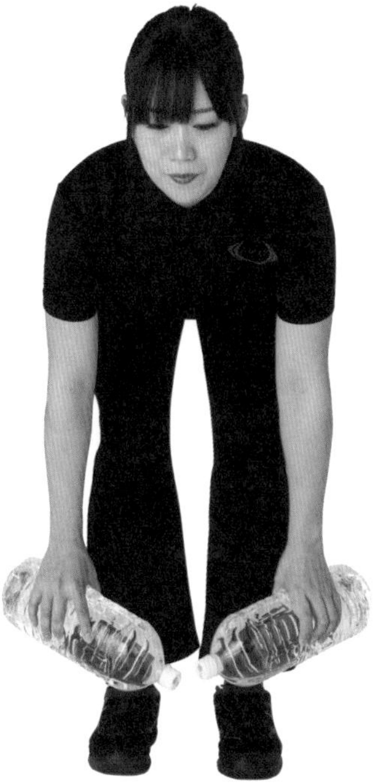

4

肘は曲げずに、腕で重りを持ち上げることはしないようにしましょう。持っているのが難しい場合は、ペットボトルをレジ袋に入れて取っ手を持つのもおすすめです。

初心者の推奨設定負荷
男女とも15回3セット

おうちでもできるトレーニング 上半身

レッグレイズ

**場所を選ばずその気になれば
どこでも1人で行える腹筋運動。**

1

仰向けで寝て、手は床につけます。腰が浮かないように意識しながら、軽く膝を立てた状態からスタートします。

2

ゆっくりと脚を上げていきますが、このときに上半身と腕は床についたままを意識しましょう。

☑お腹

3

脚を伸ばし、その重みを使って腹筋に刺激を与えます。脚を上昇～下降しているときは息を止めないように呼吸をしながら、腹筋を意識しましょう。

初心者の推奨設定負荷
男女とも10回3セット

4

脚を床ギリギリまで下ろしたら、膝を伸ばしたまま垂直に伸ばします。脚を垂直より頭側まで持ってきてしまうと、腹筋への負荷が低くなるので注意しましょう。

おうちでもできるトレーニング 上半身

ニートゥチェスト

膝を胸に寄せる腹筋トレーニング。
とてもシンプルですが効果は高いです。

1

床に座り、そのまま手をつき、膝を立てた状態、頭は正面、目線は前方からスタートしましょう。

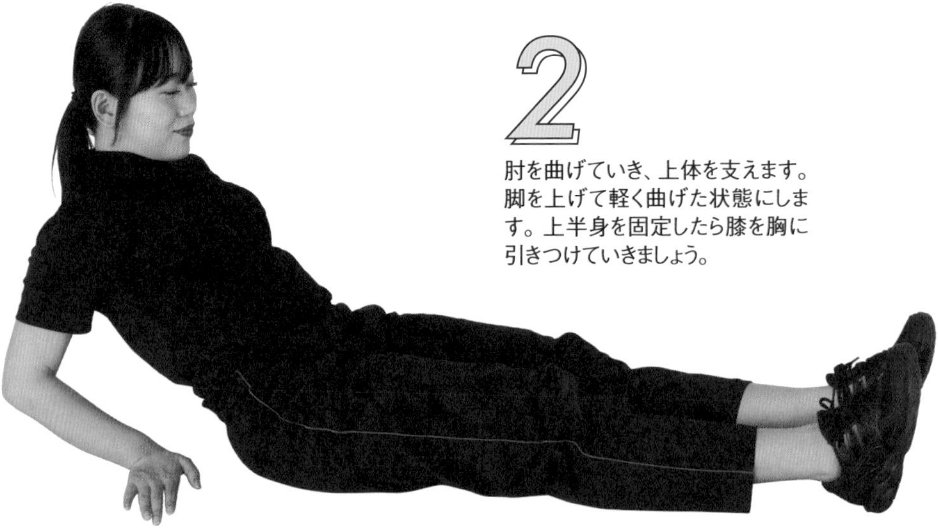

2

肘を曲げていき、上体を支えます。脚を上げて軽く曲げた状態にします。上半身を固定したら膝を胸に引きつけていきましょう。

初心者の推奨設定負荷
男性15回 女性10回

この部分が鍛えられます

☑お腹

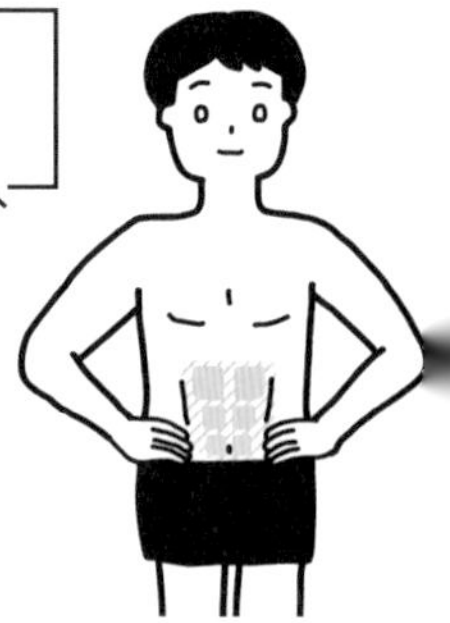

3

胸まで膝を持ってきたら、一度停止し、ゆっくりと脚を真っ直ぐに伸ばしていきます。このとき脚は床につけないようにします。

4

脚が伸びた状態でも上半身は常に固定しておきます。効果的に行うためにも、反動は使わずにしっかりと呼吸をし、脚を床につけずに繰り返しましょう。

おうちでもできるトレーニング 上半身

サイクリング

腹筋運動に左右のツイストという要素があるため、お腹への負荷が大幅にアップします。

1

仰向けになり、両手を頭の後ろに持っていき、軽く浮かせましょう。膝を立てたらスタート。

この部分が鍛えられます

☑お腹

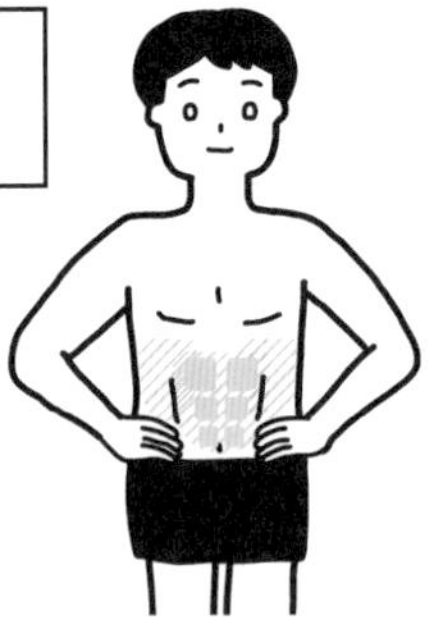

2

最初から最後まで腕の動きは使わないように、頭の後ろに固定しておきましょう。

3 片脚を真っ直ぐ伸ばしていき、逆の脚は胸に引きつけるようにします。脚を伸ばした側の上半身を逆側に捻ります。

4 伸ばした脚と引き寄せた脚を元の位置に戻していき、伸ばす脚と寄せる脚を入れ替えます。

初心者の推奨設定負荷
男女とも左右10回 3セット

5 上半身と下半身の運動を同時進行します。脚を伸ばす・脚を寄せる・上体を捻るを正確に行いましょう。

おうちでもできるトレーニング 上半身

サイドレイズ

単純な運動ですが、スタイルアップをしていくには欠かせないトレーニングです。

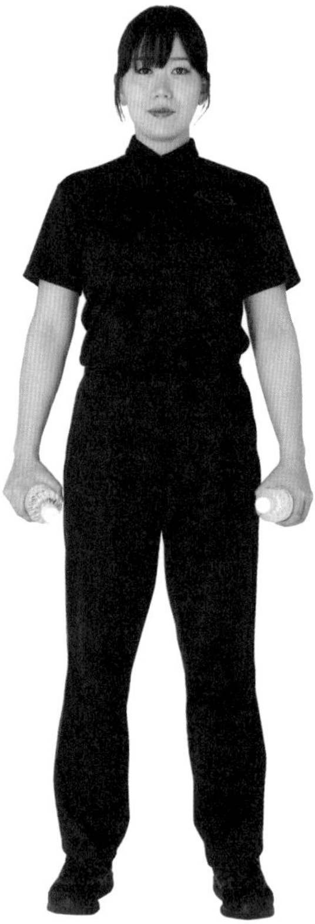

1

脚は肩幅程度に開き、500mlのペットボトルなどの重りを持った手を下げます。手のひらを内側に向けてスタートしましょう。

2

肘は伸ばさず、軽く曲げるくらいで、そのまま真横に向けて腕を上げていきます。

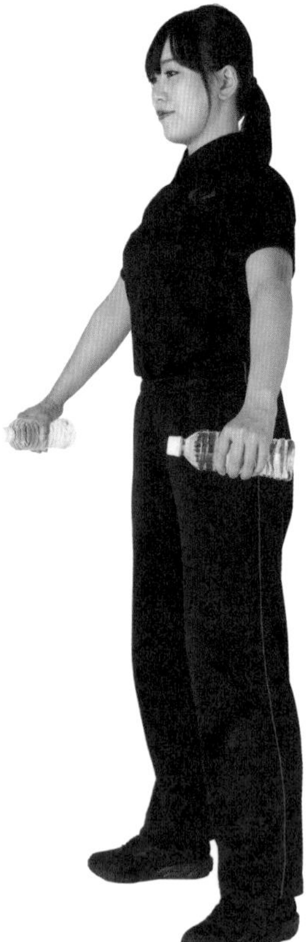

この部分が
鍛えられます

☑肩周り

4

腕を上げ下げするときに
肩をすくませないようにし、
三角筋を意識しましょう。
勢いは使わず一定のス
ピードで。

3

腕を肩の高さまで持ち上げた
ら、ゆっくりと元の姿勢に戻
すという動作を繰り返します。

初心者の推奨設定負荷
男女とも10回 3セット

おうちでもできるトレーニング 上半身

ショルダープレス

動きはシンプル。でも肩全体に刺激を与えるので効果は大きく、見た目にも反映されやすいです。

初心者の推奨設定負荷
男性20回 女性15回　3セット

1

肩幅程度に脚を開き、目線は正面に向ける。500mlのペットボトルなどの重りを持ち、上体は真っ直ぐをキープしてスタート。

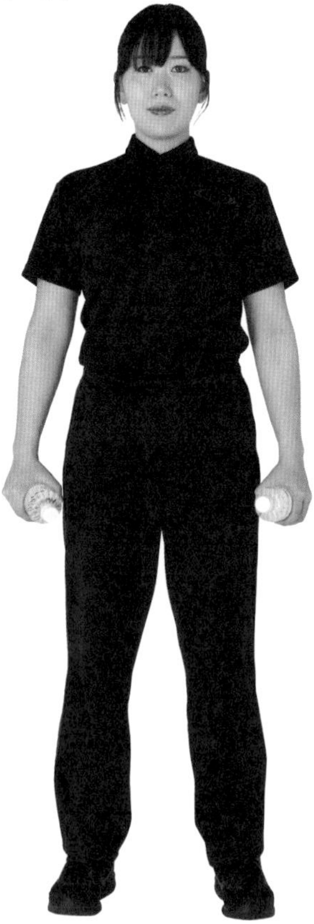

2

背中が丸まらないように背筋を伸ばし、肩の筋肉を意識しながら、ゆっくりと上げ下げを繰り返すようにします。

この部分が鍛えられます

☑肩周り

3

この種目は椅子に座ってもできますが、立ってやる場合は腕を上げたときにふらつかないように注意しましょう。

4

下ろすときは持っている重りを顔の横のあたりまで下ろし、負荷をかけていきましょう。

おうちでもできるトレーニング 上半身

アームカール

男性はたくましい腕に。
女性は腕の引き締めに効果がある簡単トレーニング。

1

少し胸を張り、肩幅程度に脚を開き、目線は正面に向ける。肘の内側を正面に向け、500mlのペットボトルなどの重りを持ってスタート。

2

肘のポジションを固定したまま重りを肩までゆっくり上げていき、元の位置に腕を戻します。

この部分が
鍛えられます

☑腕

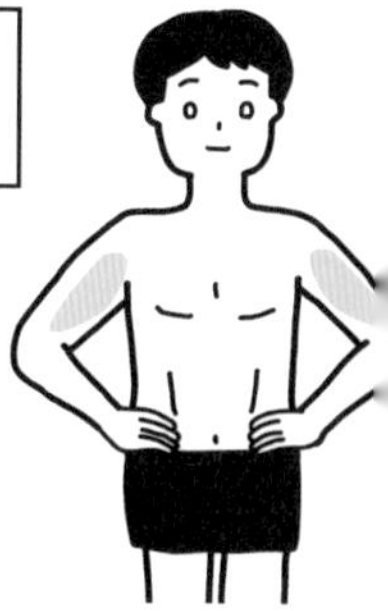

3 一貫して肘の内側を正面に向けるようにします。これは上腕二頭筋に刺激を与えるために必要なポジションになります。

4 慣れてきたら、重りをペットボトル500mlから2ℓに変えるなど、負荷を調整してみましょう。

初心者の推奨設定負荷
男性20回 女性15回 3セット

おうちでもできるトレーニング 上半身

キックバック

二の腕に効果のあるトレーニングで、男性ならたくましい腕、女性なら引き締めを狙いましょう。

1

膝を少し曲げ、上体を前傾させます。片方の手に500mlのペットボトルなどの重りを握り、肘を90°に曲げた状態からスタートします。

2

肩が開いたりしないように重りを持っていないほうの手を添えて、肘の位置を固定したまま肘を伸ばしていきましょう。

この部分が鍛えられます

☑腕

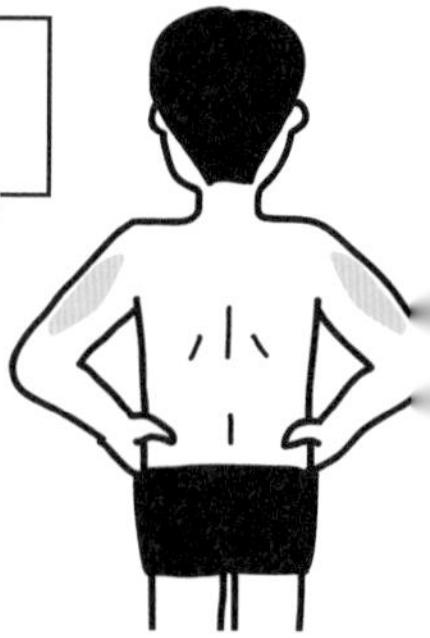

3

肩は動かさずに肘を支点とし、手を動かすときも肘の位置は変えないようにしましょう。

4

慣れてきたらペットボトルの重さを変えたり、回数を増やしたりして負荷を上げていくようにしましょう。

初心者の推奨設定負荷
男性左右15回ずつ 女性左右10回ずつ 3セット

おうちでもできるトレーニング 下半身

スクワット

大きな下半身を鍛えることができ、エネルギー消費量をアップ。
さらに骨盤底筋群を刺激でき、姿勢も安定します。

1

手は頭の後ろに添え、脚は肩幅程度に開きます。つま先は少し外側にしてスタートします。

2

胸を張り軽く腹部にも力を入れるように意識し、股関節と膝を曲げて腰を落としていきましょう。

この部分が
鍛えられます

☑脚

☑お尻

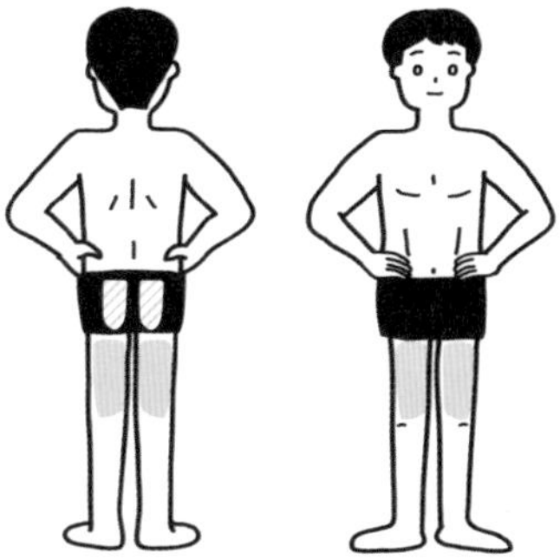

3 股関節を曲げてお尻を後ろに突き出すように意識し、上体が前に倒れすぎないようにしていきましょう。

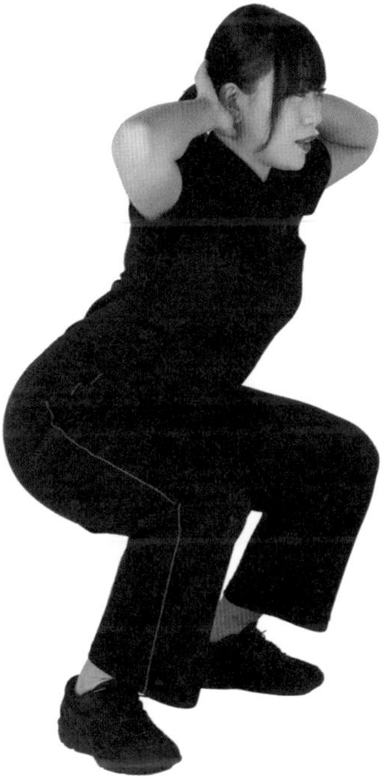

4 太腿が床と平行になるまで腰を落としたら、股関節と膝を伸ばして元の姿勢に戻り、この動きを繰り返します。

初心者の推奨設定負荷
男性15回 女性10回 3セット

おうちでもできるトレーニング 下半身

スプリットスクワット

**脚を前後に開いて行うスクワット。
お尻の引き締めに効果抜群。**

1

脚幅を肩幅くらいにして、前後に開き、目線は前。手は腰に当ててスタートしましょう。

2

前脚7：後ろ脚3の割合を意識し重心を置きましょう。上体は胸を張り、そのままの姿勢を保ち、股関節・膝を使ってカラダを沈めていきます。

この部分が
鍛えられます

☑脚

☑お尻

3

股関節と膝を曲げながらカラダを下げていきます。動作中は胸を張って上体は真っ直ぐにします。

4

後ろ脚の膝が床につかないように前脚と後ろ脚の膝がどちらも90°になったら、股関節と膝を伸ばして元の姿勢に戻しましょう。

初心者の推奨設定負荷
男性左右10回ずつ 女性左右5回ずつ 3セット

おうちでもできるトレーニング 下半身

ラテラルスクワット

股関節の可動域にも影響が大きい、左右に屈伸し下半身全域を鍛えるスクワット。

初心者の推奨設定負荷
男性左右15回ずつ 女性左右10回ずつ 3セット

1

両手は胸の前に置き、脚は広めに開きます。つま先は外側に向けると動きやすくなります。

2

一方の脚のかかとに重心をかけて、お尻を後ろに押し出し膝だけを曲げていきます。もう一方の脚は伸ばしていきます。

この部分が鍛えられます

☑脚

☑お尻

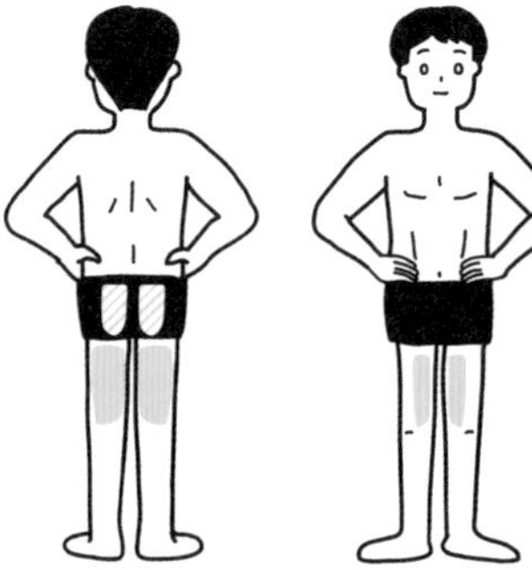

3

膝を曲げた脚の太腿が床と平行くらいになったら、2→1と元の体勢に戻します。このときにバランスを崩さないように注意してください。

4

脚を逆にして同じ動きを繰り返します。勢いをつけてフォームを崩さないように注意しましょう。

おうちでもできるトレーニング 下半身

ワイドスクワット

脚を広げて行うので安定性が高いスクワット。
特に内腿の引き締めには効果が高いです。

1

目線を前に両腕は胸の前で軽く組み、両脚を広めに開き、つま先は外側に向けスタートします。

2

尻を後ろへと突き出すように、股関節から曲げて腰を下ろしていきます。

この部分が
鍛えられます

☑脚

☑お尻

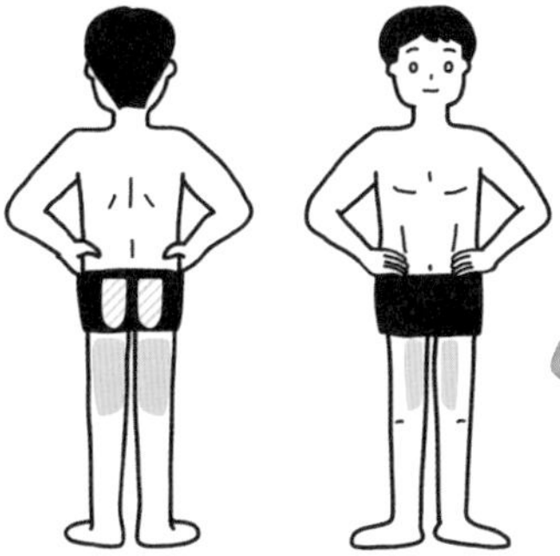

初心者の推奨設定負荷
男性15回 女性10回3セット

3

太腿が床と平行になるまで下ろしたら、スタートの姿勢に戻します。一貫して背筋は丸まらないようにします。

4

膝とつま先は内側に向かないよう外側を向けたままにしましょう。目線を下げず前を向いて行ってください。

おうちでもできるトレーニング クールダウン

胸・お腹・下半身のストレッチ

**上半身を固定することで捻転差が生じ、
胸・お腹・股関節の付け根が伸びます。**

1

うつ伏せの状態から両手を顎下に置き、上体を真っ直ぐにしたまま片膝を曲げます。

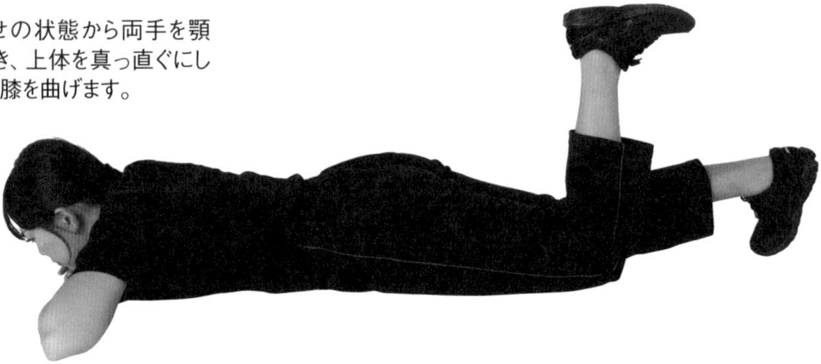

2

1の状態から股関節の付け根～お腹が斜めになるように反対方向に捻ります。

3

両肘が床から離れないように、上半身は起こさず、痛くならないところまで下半身を捻っていきましょう。

4

伸ばした脚もなるべく浮かないようにすることと、軸がブレないように意識して、左右をゆっくり各5回程度行いましょう。

おうちでもできるトレーニング クールダウン

下半身のストレッチ

お尻がこり固まって痛いときはこれ。
腰痛や坐骨神経痛の予防にもなります。

1

呼吸は自然に、上体は力を抜いてリラックスします。一方の脚をもう一方の膝の上に乗せてスタートします。

2

両腕を太腿の裏側に回し、両脚を胸のほうに引き寄せます。お尻の筋肉が伸びていることを意識しましょう。

3

脚を組み替えて、同様の動きを行います。カラダが硬い場合は手を使って脚を組んでもいいでしょう。

4

両脚を引きつけた状態で20〜30秒キープすると、より筋繊維が伸びるので効果的です。このとき呼吸は止めないように意識しましょう。

おうちでもできるトレーニング クールダウン

上半身のストレッチ

**基本中の基本のストレッチ。
どこでもできるので、習慣にしましょう。**

1

肩から上腕にかけてのストレッチ。肘を引くだけで簡単に肩を横に伸ばすことができます。いっぱいに引いたら20〜30秒くらいキープして左右交互に行いましょう。

2

背中のストレッチになります。顎を引き、組んだ手を前に突き出し、背中を丸めながら肩甲骨を広げます。20〜30秒くらいキープしましょう。

chapter 4

ライザップ式食事メソッド

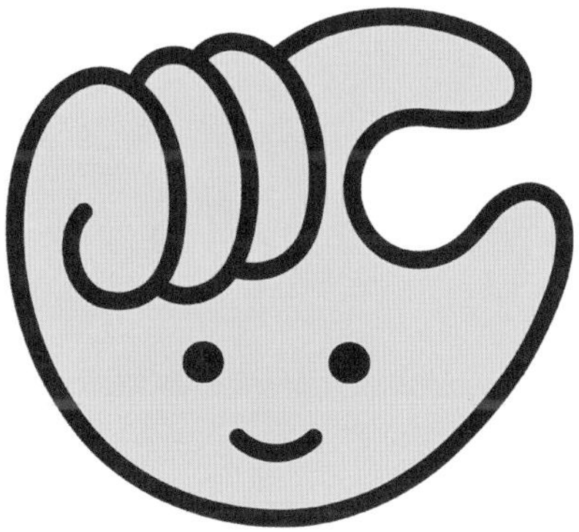

ライザップを始めるお客様には、カラダが痩せる仕組みを最大限に活かした食事メソッドを学び、身につけていただきます。効率的に痩せて、リバウンドしづらいカラダをつくるためのライザップ式食事メソッドに挑戦しましょう。

効率的に痩せ、リバウンドしづらいカラダづくり！

痩せない原因

血糖は体脂肪として蓄積される

私たちのカラダをつくる基本的な栄養素はエネルギー産生栄養素と呼ばれ『炭水化物・たんぱく質・脂質』からなります。糖質は炭水化物から食物繊維を引いたもので、食事で糖質を摂ると消化酵素の働きで分解されブドウ糖になって小腸で吸収され、血液中に溶け出し全身の細胞に送られます。血液中にどのくらいのブドウ糖が存在するかを表したものが「血糖値」です。

血糖値が上がると膵臓からインスリンというホルモンが分泌されます。インスリンは血糖値を一定にコントロールしエネルギー源として血糖を細胞へ送ります。

しかし糖質を摂りすぎると血糖値は急上昇し、インスリンも大量に分泌されます。このときに使い切らずに余った糖質は中性脂肪として蓄積されてしまいます。

三大栄養素

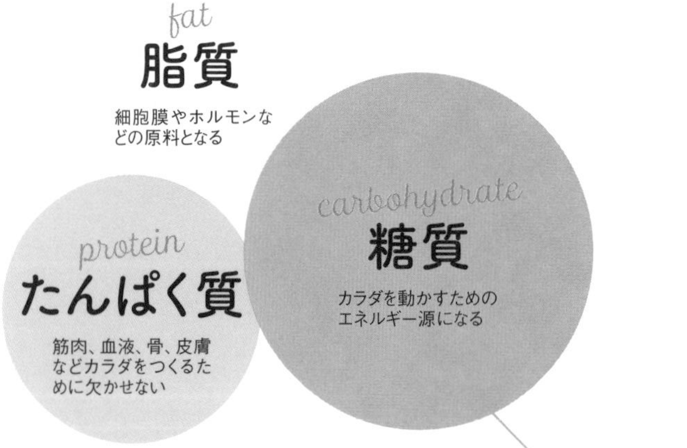

効率的に痩せるためには？

コンスタントに体脂肪を燃やす

体内の糖質が不足すると次に脂質がエネルギー源として使われるようになります。脂質をエネルギーに分解するときに生まれるケトン体はコンスタントに体脂肪を燃やし、効率よく痩せることができます。

私たちの主食であるごはんやパン、麺類には驚くほどの糖質が含まれています。効率的に痩せるためには糖質を控えることが重要なのです。

太るメカニズム

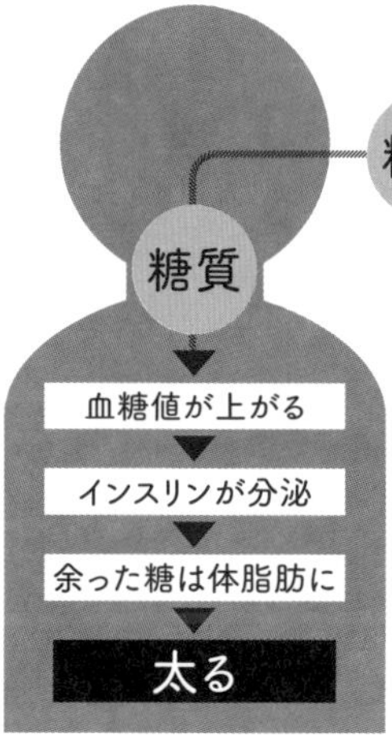

リバウンドするのはなぜ？

代謝に関わる筋肉を減らさない

筋肉には糖質をグリコーゲンとして蓄える役割があります。筋肉が減ると糖質（グリコーゲン）の貯蔵量も減ってしまい、溢れてしまった糖質は体脂肪へと変わりやすくなるのです。カロリーを意識しすぎて肉などのたんぱく質は摂らず野菜だけを食べるというような偏った食事は、体重と一緒に筋肉も落としてしまうため、代謝が低くなり、結果リバウンドしやすくなってしまいます。

代謝に関わる筋肉を減らさないためにも、たんぱく質を意識的に摂取しましょう。痩せたいからといって単純に食べる量を減らすのでは、栄養が足りず、お腹もすいてストレスのもとです。

次のページから、必要な栄養や、食事の心がけについての6つのポイントを紹介しますので、ボディメイクに最適な食習慣を身につけていきましょう。

ライザップ式「糖質コントロール食」6つのポイント

①糖質が多く含まれる食材は控える

まず調整すべきは、「糖質」

目標をスムーズに達成するには、日々の食事で糖質量をコントロールすることが必要です。ごはんやパン、麺類などの主食、糖分の多い野菜や果物、菓子類を控え、おかず中心の食生活に改善しましょう。目標体重をクリアした方、ゆるやかなダイエットを求める方は血糖値の上昇がゆるやかな果物や主食を、朝か昼に食べましょう。体組成や期間に合わせて糖質量を調整すると、食事コントロールを続けやすくなります。糖質も大切な栄養素の一つです。まったく摂らない食生活を続けると低血糖になってしまいますので、各コースの目安量は守ってください。

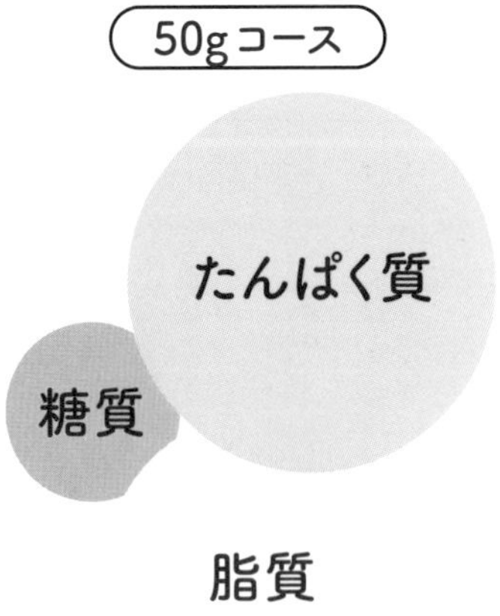

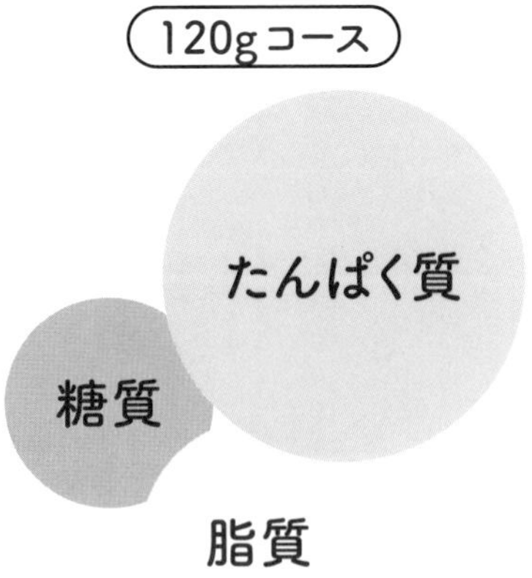

しっかり痩せる糖質50gコース
ゆるやかに痩せる糖質120gコース

減らしたい体重や目標期限によって、目安となる1日の糖質量を決めましょう。

しっかりダイエットコース　糖質50g

「夏までに痩せたい」「産後太りを元に戻したい」など減量スピードを速め、明確な体重変化を求める方向けのコースです。主食は基本控え、主菜＋副菜で献立を考えます。1日の糖質量は40〜60gを目安に摂取しましょう。

○食べるべき主な食材
肉（豚、牛、鶏）、魚、卵、大豆　★
緑色の野菜、きのこ、海藻　★
オリーブオイル、ココナッツオイルなど良質な油　★

×控える食材
糖質の多い根菜類、かぼちゃ、とうもろこし
果物
ごはん、パン、麺などの炭水化物
砂糖、みりん

ゆるやかダイエットコース　糖質120g

「あと少しだけ痩せたい」「無理せず体重を減らしたい」と日常生活にダイエットを取り込みたい方向けのコースです。主食は朝食または昼食で摂り、夕食時に主食は控えます。1日の糖質量は110〜130gを目安に摂取しましょう。

○食べるべき主な食材
糖質50gコースで★印のついた食材すべて
玄米、そば、ライ麦などの低GI食品
根菜類、トマト、かぼちゃ、とうもろこし
果物

×控える食材
白米、うどん、麺類
お菓子、ジュース

※糖質が血糖に変化する速さを相対的に数値で表したものを「GI（グリセミック・インデックス）」といいます。GI値が低くなるほど、血糖値の上昇がゆるやかになります。

②たんぱく質が多いおかずをメインに

たんぱく質は筋肉のもとになる

食事のメインは「肉」「魚」「卵」「大豆」など、たんぱく質を多く含んだおかずを選びましょう。たんぱく質は筋肉のもとになる大切な栄養素。日々のトレーニングにより効率よく筋肉をつけ、成果につなげるために積極的に摂りましょう。

食材の偏りは避ける

たんぱく質を摂るときに心がけたいのが、さまざまな食材からたんぱく質を得ることです。早く減量したいから大豆だけ、食事を楽しみたいからお肉だけ、と決まった食材しか摂らないと、たんぱく質以外の栄養素が偏り、疲れやすくなったり、体調を崩したりと、不調の原因になります。

魚はシンプルな味付けができるうえ、良質な脂質であるEPA・DHAが豊富です。卵は糖質が少なく、脂質の摂取源にもなります。大豆製品にはたんぱく質はもちろんカルシウムやマグネシウムなどミネラルがバランスよく含まれています。ハム、ソーセージ、ベーコンなどの加工食品には塩分や食品添加物が多く含まれる傾向にあるため、摂取量には気をつけましょう。

体調が悪いときは？

体調がすぐれないときは、体調回復を最優先にした食事に切り替えましょう。たんぱく質を摂る場合は消化によい豆腐メニューがオススメ。栄養満点の卵を使った卵スープもよいでしょう。

③良質な油の摂取を心がける

脂質は「量」と「質」を調整

脂質はカラダを動かすエネルギーとなり、細胞膜やホルモンの材料にもなる大事な栄養素です。脂質は減量の敵、と過度に恐れずに食事の中で適度に良質な油を摂るように心がけましょう。

【覚えておきたい良質な油の種類】

□MCTオイル
エネルギーとして使われやすく、体脂肪として蓄積されにくい特徴をもちます。

□DHA・EPA
魚の油に含まれる不飽和脂肪酸が、血中の中性脂肪やコレステロールを調整し血管のつまりを防ぎます。

□オリーブオイル
オリーブオイルに含まれるオレイン酸は小腸で吸収されにくい特徴があり、腸内の潤滑油として働き排便を促します。

【摂りすぎには気を付けたい油の種類】

□ラード・バター・鶏肉の皮・乳脂肪など
飽和脂肪酸が多く含まれ、血液中の悪玉コレステロールを増やします。

□ショートニング・ソフトマーガリンなど
トランス脂肪酸を多く含み、血液中の悪玉コレステロールを増やします。

④ビタミン・ミネラル・食物繊維を積極的に

栄養素をエネルギーに変換

ビタミン、ミネラルは摂取した糖質・脂質・たんぱく質の代謝を助け、カラダづくりをサポートする重要な栄養素です。食物繊維は腸内環境を整え、栄養素の吸収スピードをゆるやかにする働きがあります。

食べる順番は食物繊維から

食事の際は「野菜・汁物」→「肉・魚」→「主食」の順に。先に食物繊維を摂ることで血糖値の急上昇を防ぎます。

⑤水分補給をこまめに行う

血液サラサラで新陳代謝UP

人間のカラダの約60％は水分です。水分は食べ物の消化吸収を助け、老廃物の排出をサポートします。不足すると血液の流れが悪くなり、栄養がすみずみまで行き渡らなくなってしまいます。栄養をカラダに届け脂肪燃焼を妨げないためにも、女性は1日2ℓ、男性は1日3ℓを目安にこまめに水分を摂りましょう。

コーヒーや紅茶などカフェインを含む飲み物は利尿作用があるため、水分量にカウントしないように。清涼飲料水、嗜好飲料などカロリーのある飲み物を常飲する習慣はなくしていきましょう。

⑥食事のボリュームは昼＞朝＞夜

よく味わって腹八分目をキープ

1日に摂る3食分のボリュームは「昼食」を最も多く、「朝食」をその次に多く、「夕食」は控えめに量を調整しましょう。食事の際はよく噛んで、食材の味を楽しみながらゆっくりといただきます。食事のスピードを落とすことで、量を増やさなくても満足感が得られます。満腹の一歩手前の腹八分目で食事を終えるのが理想です。

食事を摂る時間も大事

時間通りに食事が摂れないときも、何も食べないということは避けましょう。食事を完全に抜くと筋肉の分解につながります。また就寝の3時間前までには夕食を食べ終わるように、21時以降はなにも食べないように心がけましょう。どうしても空腹を我慢できないときはプロテインやゼロキロカロリーのゼリーなどを摂ることで空腹を緩和させることができます。

「分食」で太りにくい体に

小腹がすいた場合は間食としてプロテインやくるみ、アーモンドや小魚を摂りましょう。空腹時間が減ることで、食後の血糖値の上昇がゆるやかになり、太りにくくなります。

朝食の選び方

朝食は必ず摂って 食べすぎと体脂肪化を防ぐ

朝食は午前中の大事なエネルギー源。摂らないと一種の飢餓状態となり、脂肪がつきやすく、筋肉も減少傾向になります。簡単なものでも口にしましょう。

【朝食のワンポイントアドバイス】

①たんぱく質を積極的に摂る…ゆで卵やパックの焼き魚、納豆などで手軽にたんぱく質補給を。

②起き抜けにコップ1杯の水…人は睡眠時にコップ1杯分の汗をかきます。起床後は水分を補い、胃腸を刺激して排便を促しましょう。

③みそ汁を取り入れる…みそ汁はミネラルや食物繊維など栄養が豊富。体を温め代謝も上がります。

昼食の選び方

昼食は日中のエネルギー源 しっかり摂ろう

昼食は3食の中で最もボリュームが必要。活動量が多い日中のエネルギー源となるため、しっかり摂りましょう。時間が遅くなったり、小腹がすいたりした場合はプロテインやくるみ、アーモンドや小魚で間食を。

【昼食のワンポイントアドバイス】

①調理方法は「焼く」「ゆでる」「蒸す」…油や小麦粉を使った料理は、脂質と糖質を多く含んでいます。素材の味を活かしたシンプルな調理法を選びましょう。

②メインメニューはお肉に…昼は活動量が多いため、摂取エネルギーが体脂肪になりにくいゴールデンタイムです。ホルモンの材料にもなる、良質な脂質を含むお肉は昼時に。

夕食の選び方

食事量と糖質を抑えて体脂肪化をストップ

夕食以降はカラダが栄養を溜め込みやすいモードに突入。糖質の摂取は体脂肪の増加に直結します。食事量は控えめにし、できれば21時までに食べ終えるようにしましょう。日中に食べなかった食材を取り入れ、必要な栄養素をチャージ。

【夕食のワンポイントアドバイス】

①就寝する3時間前までに夕食を…食事は消化に3時間かかります。消化し切っていないまま眠ると、翌日に胃もたれを起こし、朝食を抜く原因に。

②発酵食品を活用…シンプルな調理の味を引き立てるには発酵食品がベスト。みそ、しょうゆ、酢などの発酵調味料や漬物などを取り入れ、料理に深みを。

摂るべき栄養素の目安量を知ろう

1日のカロリー摂取目安量

1日に消費できるカロリーを知る

人は年齢と体重、日中の活動量によって摂取するべきカロリーが変わります。日中の活動を支えるために必要となる分のカロリーを知り、食べすぎを防ぎましょう。

①下の表から自分に当てはまる日中の活動量レベルをチェックしましょう。

身体活動レベル1	1日のほとんどを自宅で座って過ごす。
身体活動レベル2	座って過ごすことも多いが、外出時の移動や買い物、家事などカラダを動かす機会がある。または軽いスポーツをする習慣がある。
身体活動レベル3	移動または立って仕事をすることが多い。またはスポーツなどの運動習慣がある。

②下の早見表で自分の年齢層と①でチェックした活動量レベルが交わる数字をチェックしましょう。

(kcal)

1日の推定消費カロリー早見表						
性別	男性			女性		
身体活動レベル	1	2	3	1	2	3
18〜29(歳)	2,300	2,650	3,050	1,700	2,000	2,300
30〜49(歳)	2,300	2,700	3,050	1,750	2,050	2,350
50〜64(歳)	2,200	2,600	2,950	1,650	1,950	2,250
65〜74(歳)	2,050	2,400	2,750	1,550	1,850	2,100
75以上(歳)	1,800	2,100	-	1,400	1,650	-

※厚生労働省「日本人の食事摂取基準」(2020年版)より抜粋。
※各年齢の平均体重をもとに計算。

目安量を計算する

②でチェックした数値が1日に消費できるカロリー。
これから500〜1000kcal引いたものを摂取目安としましょう。

1日の推定消費カロリー　　　　　　　　1日のカロリー摂取目安量

［　　　kcal］－500〜1000kcal＝［　　　kcal］〜［　　　kcal］

1日のたんぱく質摂取目安量

たんぱく質が痩せやすいカラダをつくる

たんぱく質が不足すると筋肉の分解が進み、太りやすいカラダに。体重は減ってもメリハリのないカラダになってしまいます。1日に必要なたんぱく質を、毎日しっかり摂りましょう。

今の体重		1日のたんぱく質摂取目安量		
kg	×1.0〜2.0=	g	〜	g

例えば…体重56kgの場合、1日あたりの目安たんぱく質は56〜112g

たんぱく質は分けて摂る

たんぱく質を一気に摂取すると腸内環境が悪化し、便秘を招くおそれがあります。1回の食事でまとめて摂らずに、1食ごとに摂取することを心がけましょう。1食あたりのたんぱく質目安量は男性は30g・女性は25gです。

たんぱく質はエネルギー消費を促す

食事の際に「消化・吸収」にエネルギーが使われます。たんぱく質を摂る際、約30%のエネルギーが消費されることがわかっており、食べることでさらなるカロリー消費が期待できます。

1日の糖質摂取目安量

糖質も大事な栄養素の1つです

糖質量を減らしすぎるとほかの栄養素とのバランスが崩れ
体調に影響を及ぼすおそれがあるため、目安量を守りましょう。

50g・120g

※糖質目安量は99ページをもとにどちらか選択してください。

1日の脂質摂取目安量

脂質の摂取を控えすぎないことも大事なポイント

糖質コントロール中は脂質の摂取を抑えすぎないことも大切です。
必要な目安量を知って、健康的にダイエットを進めましょう。

［ 1日のカロリー摂取目安量（　　g）－（ 1日のたんぱく質摂取量（　　g）＋ 1日の糖質摂取量（　　g））× 4kcal ］

÷9kcal ＝ 1日の脂質摂取目安量（　　g）

※1日の推定消費カロリー量については107ページで解説。
※1日のたんぱく質目安量は108ページで解説。

食事メソッドオススメ食材リスト

・栄養価はすべて可食部分の数値です
・写真はイメージです

かつお（春獲り） 生／1食分（100g）
糖質:0.1g
たんぱく質:25.8g
脂質:0.5g
カロリー:114kcal

まだい（天然） 生／1切れ（100g）
糖質:0.1g
たんぱく質:20.6g
脂質:5.8g
カロリー:142kcal

あまえび 生／1尾（10g）
糖質:0g
たんぱく質:2.0g
脂質:0g
カロリー:9kcal

さけ（紅鮭） 生／1切れ（80g）
糖質:0.1g
たんぱく質:18.0g
脂質:3.6g
カロリー:110kcal

さんま 生／1尾（100g）
糖質:0.1g
たんぱく質:17.6g
脂質:23.6g
カロリー:297kcal

いわし 生／1尾（45g）
糖質:0.1g
たんぱく質:8.6g
脂質:4.1g
カロリー:76kcal

しらす干し（微乾燥品） 大さじ1（15g）
糖質:0g
たんぱく質:3.5g
脂質:0.2g
カロリー:17kcal

ほたて貝 生／1個（110g）
糖質:1.7g
たんぱく質:14.9g
脂質:1.0g
カロリー:79kcal

肉

鶏 もも肉 皮なし／生1枚（200g）
糖質:0g
たんぱく質:38.0g
脂質:10.0g
カロリー:254kcal

鶏 むね肉 皮なし／生1枚（200g）
糖質:0.2g
たんぱく質:46.6g
脂質:3.8g
カロリー:232kcal

若鶏肉 ささ身／生 （50g）
糖質:0g
たんぱく質:11.5g
脂質:0.4g
カロリー:53kcal

鶏 若鶏 手羽先 皮つき／生1本（24g）
糖質:0g
たんぱく質:4.2g
脂質:3.9g
カロリー:54kcal

豚 ロース肉 脂身つき／生（100g）
糖質:0.4g
たんぱく質:19.2g
脂質:19.2g
カロリー:264kcal

豚 肩ロース肉 脂身つき／生（120g）
糖質:0.1g
たんぱく質:20.5g
脂質:23.0g
カロリー:304kcal

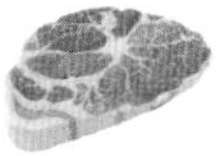

豚 ヒレ肉 赤肉／生（80g）
糖質:0.2g
たんぱく質:17.8g
脂質:3.0g
カロリー:104kcal

牛 ヒレ肉 赤肉／生（85g）
糖質:0.3g
たんぱく質:17.4g
脂質:4.1g
カロリー:113kcal

牛 サーロイン肉 脂身つき／生（150g）
糖質:0.6g
たんぱく質:26.1g
脂質:35.6g
カロリー:447kcal

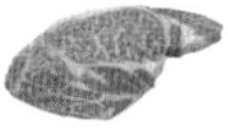

牛 レバー 生（40g）
糖質:1.5g
たんぱく質:7.8g
脂質:1.5g
カロリー:53kcal

羊 ラムもも肉 脂身つき／1食分（100g）
糖質:0.3g
たんぱく質:20.0g
脂質:12.0g
カロリー:198kcal

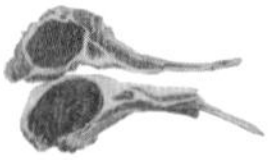

鶏 ひき肉 生（50g）
糖質:0g
たんぱく質:8.8g
脂質:6.0g
カロリー:93kcal

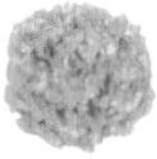

豚 ひき肉 生（50g）
糖質:0.1g
たんぱく質:8.9g
脂質:8.6g
カロリー:118kcal

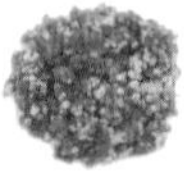

牛 ひき肉 生（50g）
糖質:0.2g
たんぱく質:8.6g
脂質:10.6g
カロリー:136kcal

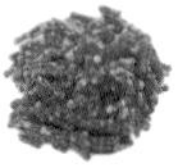

●出典元:『まる見え糖質量ハンドBOOK』管理栄養士 大柳珠美 監修　●参考:「日本食品標準成分表2015年版（七訂）」文部科学省科学技術・学術審議会資源調査分科会報告
●写真提供:『ライザップ糖質量ハンドブック』

糖質量がわかるライザップ式

大豆・豆類・卵・乳製品

卵（全卵） 生／1個（50g）
糖質:0.2g
たんぱく質:6.2g
脂質:5.2g
カロリー:76kcal

うずら卵（全卵） 生／1個（15g）
糖質:0g
たんぱく質:1.9g
脂質:2.0g
カロリー:27kcal

納豆（糸引き） 1パック（50g）
糖質:2.6g
たんぱく質:8.3g
脂質:5.0g
カロリー:100kcal

えだまめ（ゆで） 5個（25g）
糖質:1.1g
たんぱく質:2.9g
脂質:1.5g
カロリー:34kcal

豆腐（木綿） 1丁（300g）
糖質:3.6g
たんぱく質:19.8g
脂質:12.6g
カロリー:216kcal

厚揚げ 1枚（130g）
糖質:0.3g
たんぱく質:13.9g
脂質:14.7g
カロリー:195kcal

たまご豆腐 1個（120g）
糖質:2.4g
たんぱく質:7.7g
脂質:6.0g
カロリー:95kcal

プロセスチーズ 1個（25g）
糖質:0.3g
たんぱく質:5.7g
脂質:6.5g
カロリー:85kcal

カッテージチーズ 大さじ1（10g）
糖質:0.2g
たんぱく質:1.3g
脂質:0.5g
カロリー:11kcal

クリームチーズ 1食（20g）
糖質:0.5g
たんぱく質:1.6g
脂質:6.6g
カロリー:69kcal

生クリーム 乳脂肪 小さじ1（5g）
糖質:0.2g
たんぱく質:0.1g
脂質:2.3g
カロリー:22kcal

おから（乾燥） 大さじ1（10g）
糖質:0.8g
たんぱく質:2.3g
脂質:1.4g
カロリー:42kcal

ヨーグルト無糖 （50g）
糖質:2.5g
たんぱく質:1.8g
脂質:1.5g
カロリー:31kcal

魚介類

きはだマグロ 生／1食分（100g）
糖質:Tr※
たんぱく質:24.3g
脂質:0.4g
カロリー:106kcal

するめいか 生／1杯（280g）
糖質:0.3g
たんぱく質:50.1g
脂質:2.2g
カロリー:232kcal

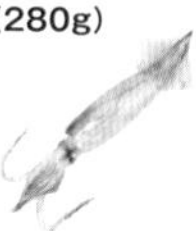

ぶり（成魚） 生／1切れ（100g）
糖質:0.3g
たんぱく質:21.4g
脂質:17.6g
カロリー:257kcal

さば（塩さば） 1切れ（80g）
糖質:0.1g
たんぱく質:21.0g
脂質:15.3g
カロリー:233kcal

ほっけ 開き干し 生／1尾（180g）
糖質:0.2g
たんぱく質:37.1g
脂質:16.9g
カロリー:317kcal

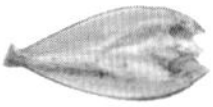

あじ 生／1尾（60g）
糖質:0.1g
たんぱく質:11.8g
脂質:2.7g
カロリー:76kcal

たら 生／1切れ（90g）
糖質:0.1g
たんぱく質:15.8g
脂質:0.2g
カロリー:69kcal

あさり 生／1個（5g）
糖質:0g
たんぱく質:0.3g
脂質:0g
カロリー:2kcal

※最小記載量の1/10以上含まれているが、5/10未満であることを示しています。

緑色系野菜

ブロッコリー（花序、ゆで） 1房（15g）
糖質:0.2g
たんぱく質:0.5g
脂質:0.1g
カロリー:4kcal

アスパラガス（若茎、生） 1本（10g）
糖質:0.2g
たんぱく質:0.3g
脂質:0g
カロリー:2kcal

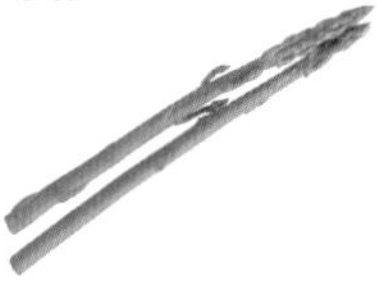

おくら（生） 1本（10g）
糖質:0.2g
たんぱく質:0.2g
脂質:0g
カロリー:3kcal

ほうれん草（葉、生） 1株（45g）
糖質:0.1g
たんぱく質:1.0g
脂質:0.2g
カロリー:9kcal

こまつな（生） 1株（50g）
糖質:0.3g
たんぱく質:0.8g
脂質:0.1g
カロリー:7kcal

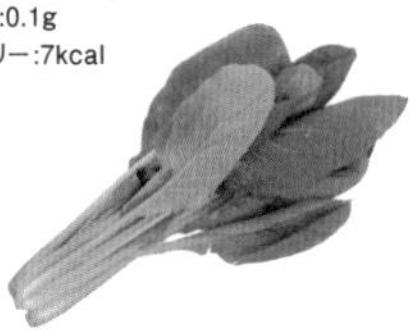

なす（生） 1本（90g）
糖質:2.6g
たんぱく質:1.0g
脂質:0.1g
カロリー:20kcal

キャベツ（結球葉、生） 1枚（80g）
糖質:2.8g
たんぱく質:1.0g
脂質:0.2g
カロリー:18kcal

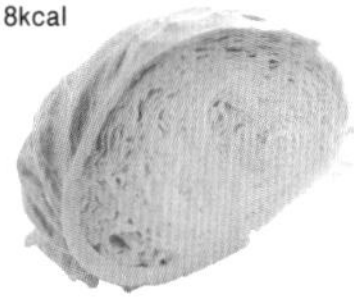

もやし（生） 1/2袋（100g）
糖質:1.3g
たんぱく質:1.7g
脂質:0.1g
カロリー:14kcal

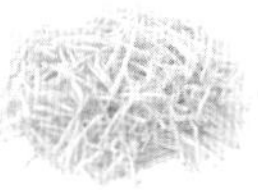

はくさい（結球葉、生） 1枚（100g）
糖質:1.9g
たんぱく質:0.8g
脂質:0.1g
カロリー:14kcal

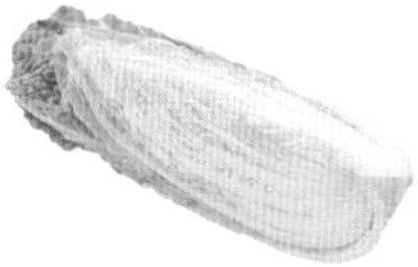

レタス（結球葉、生） 1食分（30g）
糖質:0.5g
たんぱく質:0.2g
脂質:0g
カロリー:4kcal

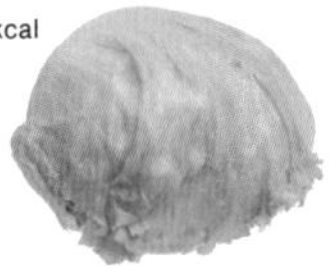

きゅうり（果実、生） 1本（100g）
糖質:1.8g
たんぱく質:1.0 g
脂質:0.2g
カロリー:14kcal

ピーマン（果実、生） 1個（30g）
糖質:1.0g
たんぱく質:0.2g
脂質:0g
カロリー:6kcal

ブロッコリースプラウト 1パック（50g）
糖質:0.4g
たんぱく質:0.9g
脂質:0.3g
カロリー:10kcal

豆苗（茎葉、生） 1/2袋（100g）
糖質:0.7g
たんぱく質:3.8g
脂質:0.4g
カロリー:27kcal

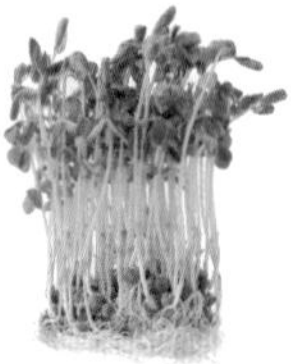

クレソン（生） 1本（5g）
糖質:0g
たんぱく質:0.1g
脂質:0g
カロリー:1kcal

きのこ・海藻・こんにゃく

生しいたけ 1個(20g)
糖質:0.3g
たんぱく質:0.6g
脂質:0.1g
カロリー:4kcal

エリンギ(生) 1本(30g)
糖質:0.8g
たんぱく質:0.8g
脂質:0.1g
カロリー:6kcal

まいたけ(生) 1パック(100g)
糖質:0.9g
たんぱく質:2.0g
脂質:0.5g
カロリー:15kcal

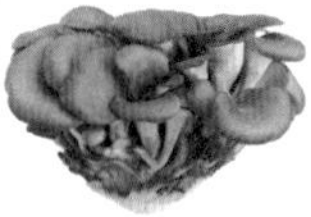

えのきたけ(生) 1袋(100g)
糖質:3.7g
たんぱく質:2.7g
脂質:0.2g
カロリー:22kcal

なめこ(生) 1袋(100g)
糖質:1.9g
たんぱく質:1.7g
脂質:0.2g
カロリー:15kcal

きくらげ(乾) 1枚(1g)
糖質:0.1g
たんぱく質:0.1g
脂質:0g
カロリー:2kcal

ぶなしめじ(生) 1パック(100g)
糖質:1.3g
たんぱく質:2.7g
脂質:0.6g
カロリー:18kcal

ほんしめじ(生) (100g)
糖質:0.9g
たんぱく質:2.5g
脂質:0.4g
カロリー:12kcal

マッシュルーム(生) 1個(10g)
糖質:0g
たんぱく質:0.3g
脂質:0g
カロリー:1kcal

わかめ(生) 1食分(30g)
糖質:0.6g
たんぱく質:0.6g
脂質:0.1g
カロリー:5kcal

もずく 1食分(50g)
糖質:0g
たんぱく質:0.1g
脂質:0.1g
カロリー:2kcal

焼きのり 1枚(2g)
糖質:0.2g
たんぱく質:0.8g
脂質:0.1g
カロリー:4kcal

板こんにゃく 1/2枚(100g)
糖質:0.3g
たんぱく質:0.1g
脂質:0.1g
カロリー:7kcal

しらたき(結び) 2個(45g)
糖質:0.1g
たんぱく質:0.1g
脂質:0g
カロリー:3kcal

ところてん(150g)
糖質:0g
たんぱく質:0.3g
脂質:0g
カロリー:3kcal

とろろ昆布 1食分(10g)
糖質:2.2g
たんぱく質:0.7g
脂質:0.1g
カロリー:12kcal

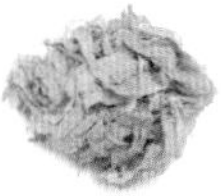

塩昆布(5g)
糖質:1.2g
たんぱく質:0.8g
脂質:0g
カロリー:6kcal

油・ナッツ・果物

オメガ3脂肪酸

亜麻仁油 大さじ1(12g)

糖質:0g
たんぱく質:0g
脂質:12.0g
カロリー:111kcal

えごま油 大さじ1(12g)

糖質:0g
たんぱく質:0g
脂質:12.0g
カロリー:111kcal

オメガ9脂肪酸・オメガ6脂肪酸

オリーブオイル 大さじ1(12g)

糖質:0g
たんぱく質:0g
脂質:12.0g
カロリー:111kcal

キャノーラ油(なたね油) 大さじ1(12g)

糖質:0g
たんぱく質:0g
脂質:12.0g
カロリー:111kcal

ごま油 大さじ1(12g)

糖質:0g
たんぱく質:0g
脂質:12.0g
カロリー:111kcal

中鎖脂肪酸

MCTオイル 大さじ1(12g)

糖質:0g
たんぱく質:0g
脂質:12.0g
カロリー:108kcal

ココナッツオイル 大さじ1(12g)

糖質:0g
たんぱく質:0g
脂質:12.0g
カロリー:111kcal

動物性油脂

無塩バター 大さじ1(12g)

糖質:0g
たんぱく質:0.1g
脂質:10.0g
カロリー:92kcal

有塩バター 大さじ1(12g)

糖質:0g
たんぱく質:0.1g
脂質:9.7g
カロリー:89kcal

ナッツ・果物

アーモンド(乾) 1食分(10g)

糖質:1.1g
たんぱく質:2.0g
脂質:5.2g
カロリー:59kcal

カシューナッツ(フライ味付) 1食分(10g)

糖質:2.0g
たんぱく質:2.0g
脂質:4.8g
カロリー:58kcal

くるみ(いり) 1食分(10g)

糖質:0.4g
たんぱく質:1.5g
脂質:6.9g
カロリー:67kcal

アボカド 1/2個(70g)

糖質:0.6g
たんぱく質:1.8g
脂質:13.1g
カロリー:131kcal

※1:本品の糖質は「エリスリトール」「スクラロース」に由来し、砂糖などの一般的な糖質のように利用されることはありません。有効糖質(available carbohydrate)は0gとみなします
※2:最小記載量の1/10以上含まれているが、5/10未満であることを示しています。
※3:「カフェインを多く添加した清涼飲料水の表示に関するガイドライン」の対象となる基準:100mlあたりのカフェイン量が21mg以上(一般財団法人全国清涼飲料連合会)に沿って区別しています。

調味料

天然塩 小さじ1（5g）
糖質:0g
たんぱく質:0g
脂質:0g
カロリー:0kcal

穀物酢 大さじ1（15g）
糖質:0.4g
たんぱく質:0g
脂質:0g
カロリー:4kcal

熟成みそ 大さじ1（18g）
糖質:3.0g
たんぱく質:2.3g
脂質:1.1g
カロリー:35kcal

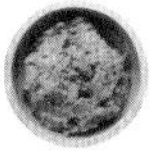

トウバンジャン 小さじ1（8g）
糖質:0.3g
たんぱく質:0.2g
脂質:0.2g
カロリー:5kcal

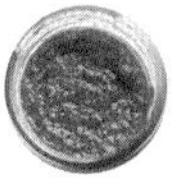

醸造しょうゆ 大さじ1（18g）
糖質:1.8g
たんぱく質:1.4g
脂質:0g
カロリー:13kcal

ぽん酢 大さじ1（18g）
糖質:1.5g
たんぱく質:0.6g
脂質:0g
カロリー:8kcal

中華だし（顆粒） 小さじ1（5g）
糖質:1.8g
たんぱく質:0.6g
脂質:0.1g
カロリー:11kcal

コンソメの素 小さじ1（5g）
糖質:2.1g
たんぱく質:0.4g
脂質:0.2g
カロリー:12kcal

**マヨネーズ（卵黄型）
大さじ1（12g）**
糖質:0.2g
たんぱく質:0.3g
脂質:8.7g
カロリー:80kcal

カレー粉 小さじ1（2g）
糖質:0.6g
たんぱく質:0.3g
脂質:0.2g
カロリー:8kcal

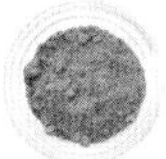

おろししょうが 小さじ1（6g）
糖質:0.5g
たんぱく質:0g
脂質:0g
カロリー:3kcal

おろしにんにく 小さじ1（6g）
糖質:2.2g
たんぱく質:0.3g
脂質:0g
カロリー:10kcal

**糖質ゼロ料理酒
大さじ1（15g）**
糖質:0g
たんぱく質:0.1g
脂質:0g
カロリー:12kcal

**めんつゆ（ストレート）
大さじ1（15g）**
糖質:1.3g
たんぱく質:0.3g
脂質:0g
カロリー:7kcal

ウスターソース 小さじ1（6g）
糖質:1.6g
たんぱく質:0.1g
脂質:0g
カロリー:7kcal

オイスターソース 小さじ1（8g）
糖質:1.5g
たんぱく質:0.6g
脂質:0g
カロリー:9kcal

**甘味料（シュガーカット
ゼロ顆粒） 大さじ1（9g）**
（砂糖大さじ3と同等の甘さ）
糖質:0g（有効糖質:available carbohydrate※1）
たんぱく質:0g
脂質:0g
カロリー:0kcal

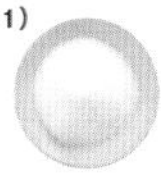

**塩分糖質ハーフトマトケチャップ
大さじ1（18g）**
糖質:2.0g
たんぱく質:0.3g
脂質:0g
カロリー:10kcal

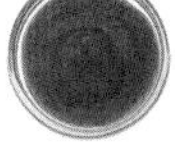

飲み物

カフェインをほとんど含まないもの

水 1杯（200ml）
糖質:0g
たんぱく質:0g
脂質:0g
カロリー:0kcal

麦茶 1杯（200ml）
糖質:0.6g
たんぱく質:Tr※2
脂質:0g
カロリー:2kcal

ルイボスティー 1杯（200ml）
糖質:0g
たんぱく質:0g
脂質:0g
カロリー:0kcal

昆布茶 1杯分（5g）
糖質:2.0g
たんぱく質:0.3g
脂質:0g
カロリー:5kcal

炭酸水 1杯（200ml）
糖質:0g
たんぱく質:0g
脂質:0g
カロリー:0kcal

無調整豆乳 1杯（200ml）
糖質:5.8g
たんぱく質:7.2g
脂質:4.0g
カロリー:92kcal

玄米茶 1杯（200ml）
糖質:0g
たんぱく質:0g
脂質:0g
カロリー:0kcal

ほうじ茶 1杯（200ml）
糖質:0.2g
たんぱく質:Tr※2
脂質:0g
カロリー:0kcal

煎茶 1杯（200ml）
糖質:0.4g
たんぱく質:0.4g
脂質:0g
カロリー:4kcal

ウーロン茶 1杯（200ml）
糖質:0.2g
たんぱく質:Tr※2
脂質:0g
カロリー:0kcal

カフェインを含むもの※3

コーヒー 1杯（90ml）
糖質:0.6g
たんぱく質:0.2g
脂質:Tr※2
カロリー:4kcal
カフェイン量:60㎎/100ml

紅茶 1杯（200ml）
糖質:0.2g
たんぱく質:0.2g
脂質:0g
カロリー:2kcal
カフェイン量:30㎎/100ml

糖質120gコースで選べる食材

炭水化物

玄米 1膳（150g）
糖質:51.3g
たんぱく質:4.2g
脂質:1.5g
カロリー:248kcal

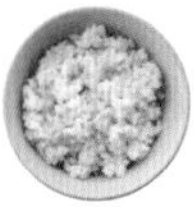

押麦 大さじ1（10g）
糖質:6.8g
たんぱく質:0.6g
脂質:0.1g
カロリー:34kcal

キヌア 大さじ1（12g）
糖質:6.8g
たんぱく質:0g
脂質:0g
カロリー:44kcal

十割そば（乾） 1食分（70g）
糖質:44.1g
たんぱく質:9.8g
脂質:1.6g
カロリー:241kcal

オートミール （20g）
糖質:11.9g
たんぱく質:2.7g
脂質:1.1g
カロリー:76kcal

緑豆はるさめ （10g）
糖質:8.4g
たんぱく質:0g
脂質:0.4g
カロリー:36kcal

糖質120gコースの方は選べる食材の幅が広がります。

根菜類・暖色系野菜

にんじん（皮むき、生）1本（150g）
糖質:9.5g
たんぱく質:1.2g
脂質:0.2g
カロリー:54kcal

れんこん 1/2個（100g）
糖質:13.5g
たんぱく質:1.9g
脂質:0.1g
カロリー:66kcal

ごぼう 1本（150g）
糖質:14.5g
たんぱく質:2.7g
脂質:0.2g
カロリー:98kcal

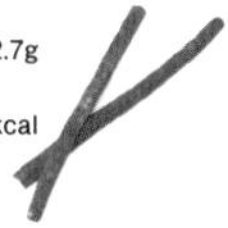

かぶ（根、皮むき、生）1個（75g）
糖質:2.6g
たんぱく質:0.4g
脂質:0g
カロリー:16kcal

たまねぎ（りん茎、生）1/4個（45g）
糖質:3.3g
たんぱく質:0.5g
脂質:0g
カロリー:17kcal

とうもろこし（生）1本（100g）
糖質:13.8g
たんぱく質:3.6g
脂質:1.7g
カロリー:92kcal

黄パプリカ（生）1/2個（75g）
糖質:4.0g
たんぱく質:0.6g
脂質:0.2g
カロリー:20kcal

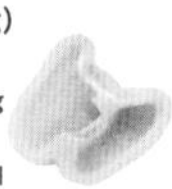

赤パプリカ（生） 1/2個（75g）
糖質:4.2g
たんぱく質:0.8g
脂質:0.2g
カロリー:23kcal

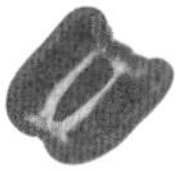

トマト 1個（120g）
糖質:4.4g
たんぱく質:0.8g
脂質:0.1g
カロリー:23kcal

西洋かぼちゃ（ゆで）1切れ（30g）
糖質:5.2g
たんぱく質:0.5g
脂質:0.1g
カロリー:28kcal

ながいも 3センチ（50g）
糖質:6.5g
たんぱく質:1.1g
脂質:0.2g
カロリー:33kcal

さといも 1個（65g）
糖質:7.0g
たんぱく質:1.0g
脂質:0.1g
カロリー:38kcal

じゃがいも（生）1個（100g）
糖質:16.3g
たんぱく質:1.6g
脂質:0.1g
カロリー:76kcal

さつまいも（皮むき、生）1本（120g）
糖質:35.7g
たんぱく質:1.4g
脂質:0.2g
カロリー:161kcal

果物

バナナ 1本（72g）
糖質:15.4g
たんぱく質:0.8g
脂質:0.1g
カロリー:62kcal

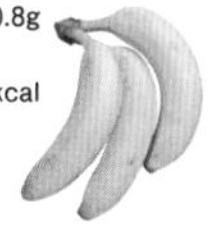

りんご 1個（250g）
糖質:35.3g
たんぱく質:0.3g
脂質:0.5g
カロリー:143kcal

キウイフルーツ 1個（100g）
糖質:11.0g
たんぱく質:1.0g
脂質:0.1g
カロリー:53kcal

ぶどう 1房（170g）
糖質:25.8g
たんぱく質:0.7g
脂質:0.2g
カロリー:100kcal

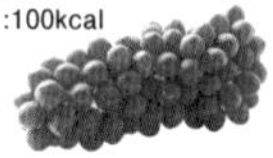

ブルーベリー 1食分（50g）
糖質:4.8g
たんぱく質:0.3g
脂質:0.1g
カロリー:25kcal

いちご 3個（45g）
糖質:3.2g
たんぱく質:0.4g
脂質:0g
カロリー:15kcal

みかん 1個（56g）
糖質:6.2g
たんぱく質:0.4g
脂質:0.1g
カロリー:25kcal

もも 1個（127.5g）
糖質:11.3g
たんぱく質:0.8g
脂質:0.1g
カロリー:51kcal

日本なし 1個（212.5g）
糖質:22.1g
たんぱく質:0.6g
脂質:0.2g
カロリー:91kcal

国産さくらんぼ 5個（25g）
糖質:3.5g
たんぱく質:0.3g
脂質:0.1g
カロリー:15kcal

メロン 1/8切れ（37.5g）
糖質:3.7g
たんぱく質:0.4g
脂質:0g
カロリー:16kcal

マンゴー 1/2個（97.5g）
糖質:15.2g
たんぱく質:0.6g
脂質:0.1g
カロリー:62kcal

お酒の選び方

お酒は極力避けるのがベター

アルコールは肝臓の働きを弱めたり、食欲を増進させたりします。筋肉を分解し体脂肪を増加させるデメリットもあります。

どうしても飲む必要がある場合は、低糖質な焼酎、ウイスキーなどの蒸留酒を選ぶように。ビール、白ワイン、日本酒、紹興酒などの醸造酒は糖質が含まれるので、控えるようにしましょう。またお酒を飲むと、利尿作用により体内の水分が不足しがちになるので、チェイサーで水分も一緒に摂るようにしましょう。おつまみも糖質を避けるように注意してください。

low sugar

高糖質なお酒

ビール
日本酒
白ワイン
梅酒
紹興酒

high sugar

低糖質なお酒

糖質OFFビール
焼酎
赤ワイン
ウイスキー
ブランデー

コンビニ食の選び方

栄養成分表示をチェック

コンビニ食で気にしがちなのはカロリーですが、カロリー以外にも栄養成分表示に記載されている「たんぱく質」「脂質」「炭水化物」に注目しましょう。炭水化物の量から食物繊維の量を引いた数字がおおよその糖質量です。食物繊維量の表記がない場合は、炭水化物量＝糖質量と考えて問題ありません。数値を確認して食品を選びましょう。

原材料名で糖質量をチェック

原材料名表示は使用量が多い食材から順に記載されています。表示のはじめのほうに米類、じゃがいも、かぼちゃ、砂糖、小麦粉の記載があるものは高糖質なので、避けましょう。また、甘味料は天然素材が望ましく、「ステビア」「エリスリトール」「羅漢果」が使用されているものを優先的に選びましょう。血糖値の急上昇を抑えられます。

recommended

コンビニのオススメ食

・サラダチキン
・ゆで卵
・豆腐サラダ
・こんにゃく麺
・おでん（ゆで卵、厚揚げ、しらたき、牛すじ）
・焼き魚パック（鮭・さば）
・魚の缶詰（みそ煮・水煮）
・納豆
・カップみそ汁
・あたりめ
・チーズ
・カット野菜
・ゼリー

外食の選び方

メニュー選びの3つのポイント

ダイエット中の悩みどころは外食。高たんぱく質・低糖質を基本に、コツをつかんで楽しみながらダイエット継続を目指しましょう。

①メニューブックの「前のほう」から組み合わせる

メニューブックは前菜、主菜、主食、デザートの順で掲載されていることが一般的。前のほうに載っている料理から選ぶようにしましょう。

②シンプルな調理で甘みのない料理を選ぶ

「焼く」「ゆでる」「蒸す」など調理がシンプルで、甘みのある味付けをしていないものを選びましょう。

③コース料理は炭水化物を控える

付き合いでコース料理を食べるときは、炭水化物はできるだけ控えましょう。

外食別 摂るべきもの・避けるもの

【和食】

○さばの塩焼き定食、肉野菜炒め定食、お刺身定食

×ごはん

【居酒屋】

○焼き鳥、ほっけの塩焼き、だし巻き卵、枝豆

×雑炊、うどん、釜飯

【焼き肉】

○ハラミ、ロース、タンなどの赤身の部位

×脂身が多いもの、タレのつけすぎ

【フレンチ&イタリアン】

○肉や魚のソテー、ローストビーフ、カルパッチョ

×パン粉焼き、ピザ、パスタ、デザート

【ファストフード】

○サラダなどのサイドメニュー

×ハンバーガー、ポテト、甘いドリンク類

自炊を取り入れる

自炊は減量スピードUPの鍵

外食は栄養成分を正確に測ることが難しく、食品添加物や酸化油脂など好ましくない成分も含まれています。110ページからの糖質量がわかる食材リストを見ながら食材を選び、積極的に自炊しましょう。

野菜サラダ

①葉野菜やブロッコリー、もやしは塩ゆで。②キャベツは千切りにしてごま塩をかける。③好みでドレッシングをかける。

焼き魚

①干物、切り身、ししゃもなどを用意。②未解凍の場合は電子レンジの解凍モードで温める。③フライパンに少量の油を引き、焼く。④塩で味付け。

ドレッシング

①オリーブオイル：ワインビネガー：粒マスタードを1：1：0.5の割合で混ぜる。②塩・こしょう各ひとつまみを加える。

ライザップ式低糖質レシピ

肉、魚、豆腐、食材ごとのレシピを紹介します。

バジル風味の鶏ハム

【材料】
鶏むね肉　1枚
塩麹　大さじ1
バジル　適量
黒こしょう　適量

【作り方】

1 鶏むね肉の皮を除き、観音開きにする。
2 全体に塩麹をなじませ、片面にバジルと黒こしょうもなじませる。
3 密閉袋に入れて、冷蔵庫で一晩寝かせる。
4 バジルが付いているほうを外側にして、鶏むね肉を手前から巻く。
5 キャンディのようにラップでくるみ両端を輪ゴムでとめて、その上からラップを二重に巻く。
6 お湯を沸騰させた鍋に5を入れ3～5分たったら火を止める。蓋をしてお湯が冷めるまでそのままの状態にしておき、お湯が冷めたら完成。

【1人分】
糖質：4.6g
たんぱく質：20.5g
脂質：18.2g
エネルギー：283kcal

【材料】2人分
しらたき　100g
牛もも肉（薄切り）　160g
まいたけ　1パック
しいたけ　4個
にんじん　1/4本
ニラ　2束
ごま油　大さじ1
〈調味料〉
おろしにんにく　大さじ1と1/2
酒　大さじ2
しょうゆ　大さじ2
甘味料　大さじ1
コチュジャン　大さじ1と1/2

きのこたっぷりプルコギ風

【作り方】

1. 調味料をすべてボウルに入れて混ぜ合わせ、牛肉を入れ揉み込む。
2. しらたきは5cmの長さに切り、熱湯でさっとゆでてアクを抜き、水気をよく絞っておく。
3. にんじんとしいたけは細切り、ニラは4等分に切り、まいたけをほぐし、1のボウルに入れて10分おく。
4. フライパンにごま油を入れて熱し、しらたき以外のすべてを入れて炒める。
5. 具材に火が通ったら2のしらたきを入れて、味が均等になるまで混ぜ合わせて完成。

【1人分】
糖質:13.0g
たんぱく質:22.1g
脂質:16.9g
エネルギー:314kcal

【材料】2人分
パプリカ(赤)　2個
豚ひき肉　200g
たまねぎ　1/2個
おから　大さじ2(30g)
豆乳(無調整)　大さじ2
パセリ(トッピング用)　少々
塩、こしょう、ナツメグ(粉)　各少々

赤パプリカの肉詰め

【作り方】
1 パプリカはヘタと底を切り落とし、種を取り除き、残り部分を2〜3等分の輪切りにする。たまねぎはみじん切りにし、フライパンに油(分量外)を引き透明になるまで炒め、別の皿で冷ます。
2 ボウルに豚ひき肉、たまねぎ、塩、こしょう、ナツメグ、おから、豆乳を入れ、混ぜ合わせる。
3 パプリカに2を詰める。(詰めるポイント…最後に2をパプリカにかぶせるようにふんわりとのせれば、焼いたあと、パプリカと肉に隙間ができにくい)
4 オーブンを200℃に予熱し、天板にクッキングシートを敷き3を並べ20分ほど焼く。
5 パセリを振りかけ、盛り付ける。

【1人分】
糖質：3.5g
たんぱく質：7.3g
脂質：11.2g
エネルギー：150kcal

アジの南蛮漬け

【作り方】

1 南蛮だれの材料をボウルにすべて入れ、混ぜ合わせておく。
2 ピーマン、にんじんは千切りに、たまねぎは薄切りにし、1に漬けておく。
3 アジは食べやすい大きさに切り、塩、こしょうで下味をつけておく。
4 フライパンに多めのオリーブオイルを入れ、アジを揚げ焼きにし、両面がしっかり焼けたらキッチンペーパーの上で余分な油を落とす。
5 2にアジを入れて、冷蔵庫で冷やしたら完成。

【材料】2人分

アジ　2切れ
たまねぎ　1/4個
ピーマン　1/2個
にんじん　10g
塩、こしょう　少々
オリーブオイル　適量
〈南蛮だれ〉
しょうゆ　大さじ1
酢　大さじ1
甘味料　大さじ1

鮭の粒マスタード焼き

【材料】2人分
鮭　1切
（生がなければ甘塩鮭でもOK）
粒マスタード　小さじ1
サラダ油　適量

【1人分】
糖質：0.4g
たんぱく質：17.3g
脂質：7.1g
エネルギー：141kcal

【作り方】
1 フライパンにサラダ油を入れて熱し、鮭を焦げ色がつくまで両面焼く。
2 片面に粒マスタードを塗り、塗った面を少し焼いて完成。

粉チーズでエビフライ風

【3尾分】
糖質：1.0g
たんぱく質：13.3g
脂質：9.4g
エネルギー：147kcal

【作り方】
1 エビは背わたを除き、尾を残して殻をむき、塩、こしょうを振っておく。
2 パセリは粉チーズと合わせておく。
3 1のエビに溶き卵、2の粉チーズの順に衣をつける。
4 フライパンにオリーブオイルを熱し、エビを揚げ焼きにする。

【材料】3人分
エビ（殻付き）　9尾
塩、こしょう　各少々
溶き卵　1個分
パセリ（みじん切り）　大さじ1
粉チーズ　適量
オリーブオイル　大さじ2

【2人分】
糖質：4.1g
たんぱく質：23.6g
脂質：32.2g
エネルギー：425kcal

おからのフリッタータ

【作り方】

1 ほうれんそう、赤ピーマンは500Wの電子レンジで90秒ほど下ゆでする。

2 ボウルに薄力粉を入れ、生クリームを加え、ダマにならないように混ぜる。

3 2におから、鶏ひき肉、卵、パルメザンチーズ、コンソメを入れ、1を加えて混ぜ合わせ、塩、こしょうで味を調える。

4 耐熱容器にバターを塗り、3を流し入れ、ピザ用チーズを上にのせる。

5 200℃のオーブンで20～25分焼き上げ、チーズに焦げ目がつけば完成。

【材料】2人分
おから 50g
ほうれんそう 80g
赤ピーマン 1/2個
鶏ひき肉 60g
卵 2個
生クリーム 60ml
薄力粉 15g
パルメザンチーズ 10g
コンソメ（顆粒） 4g
塩、こしょう 各少々
バター 適量
ピザ用チーズ 40g

野菜たっぷり卵とじ丼

【材料】2人分
豆腐ごはん　2人分
卵　3個
鶏もも肉　100g
たまねぎ　20g
しいたけ（生）　2個
キャベツ　1/4個
三つ葉　適量
〈煮汁〉
水　200ml
和風だしの素　小さじ1
酒　大さじ2
みりん　大さじ1
甘味料　大さじ1
濃口しょうゆ　大さじ2

【1人分】
糖質：4.9g
たんぱく質：33.1g
脂質：17.3g
エネルギー：335kcal

【作り方】

1 卵は2個と1個に分けて割り、軽くほぐす。
2 鶏もも肉は小さめのひと口大、たまねぎはくし切り、キャベツは食べやすい大きさ、しいたけは石づきを切り落とし、軸とかさに切り分け、軸は縦に裂き、かさは薄切りにする。
3 鍋に煮汁の材料をすべて入れ煮立て、鶏もも肉、たまねぎ、しいたけ、キャベツを加え、野菜がしんなり柔らかくなるまで中火で煮る。
4 溶き卵2個分を回し入れ、菜ばしで軽く混ぜ合わせる。卵のまわりが少しかたまって中心が半熟状になったら、残り1個分の溶き卵を回し入れて火を止め、蓋をして1分蒸らす。
5 丼に豆腐ごはんを入れ、4を煮汁ごとかけ、三つ葉をのせて完成。

豆腐ごはん

どうしてもごはんが食べたくなったときには、『豆腐ごはん』を代用品に

【材料】2人分
木綿豆腐　1丁（300g）
おから　50g

【作り方】

1 木綿豆腐はキッチンペーパーで包み、耐熱皿に入れて500Wの電子レンジで2～3分温め、水切りする。
2 フライパンに水切りした木綿豆腐とおからを入れ、水分が抜けてそぼろ状になるまで乾煎りする。

chapter 5

チョコザップ利用法

実際にチョコザップに入会し、店舗を利用する様子をご紹介します。スマホさえ持っていれば、すぐにトレーニングが始められます。

所要時間数分で入会完了したら即利用が可能

ダイエットや運動習慣をサポートするコンビニジムライフ

スマートフォン・メールアドレス クレジットカードがあれば準備OK

1.入会のお手続き

画面の指示に従って入力すればOK。

2.アプリをダウンロードし、ログイン

入退館に必要なので必ずダウンロードしてください。

3.行きたい店舗を検索する

リアルタイムで混雑具合がわかります。

4.アプリ内のバーコードで即利用可

アプリで発行したら入り口でかざします。

マシンの使い方・トレーニングの取り組み方もアプリで紹介しているので安心

椅子の高さはご自身に合う位置に調整します。レバーやツマミなどで簡単にできます。

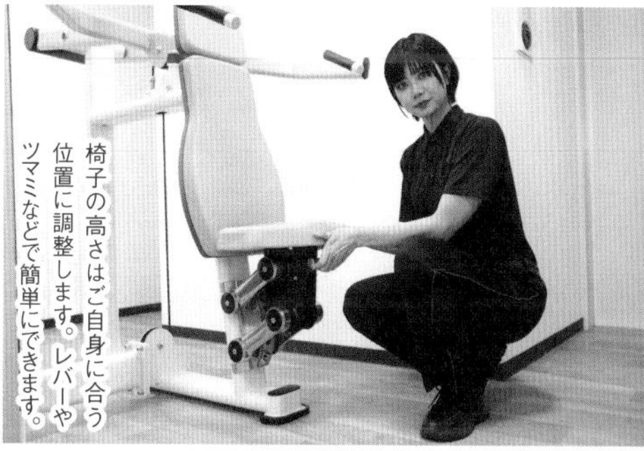

着替え、靴の履き替えは必要ありません。入館したら、使いたいマシンを選んで、試してみましょう。使い方がわからない場合はアプリ内の動画等で紹介しているので、その場で確認することも可能です。マシンの種類やエステなどのサービスの設備は店舗によって異なるので、店舗を検索して情報を確認するといいでしょう。また、入会者はどの店舗も利用可能なので、外出ついでにコンビニ感覚で外出先の店舗に寄ってトレーニングできるんです。

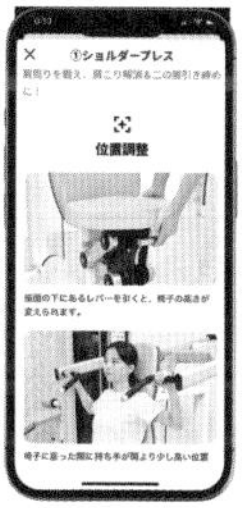

アプリで位置調整の確認ができます。

重量調整は好みの重さにストッパーを差し込むだけなので簡単です。

アプリを活用して日々のトレーニング成果を楽しもう

記録して見える化！トレーニング継続のモチベーションアップ

use APP

アプリの活用法

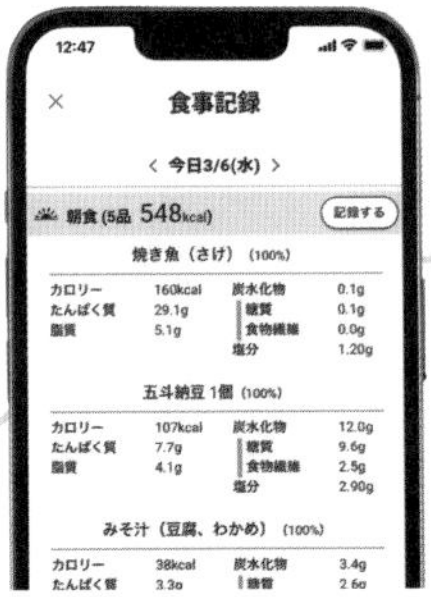

AIが自動で栄養計算

AIが摂取した栄養素まで計算してくれるから、専門知識は不要です。

写真からも解析してくれる

撮った食事の写真からAIが計算した栄養素はアプリ内に記録してくれるんです。

食事は細かい項目までAIが計算してくれる

料理名で検索

細かくカロリーや栄養素の数値を表示してくれるので健康管理に役立ちます。

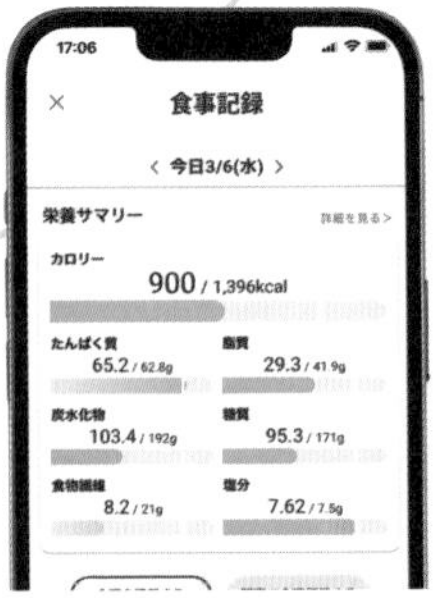

グラフで見える化

カロリーや栄養素ごとに分けて、グラフ化してくれるので自覚が容易にできます。

運動記録

チョコザップで行ったトレーニングの内容を記録しておけば、あとで振り返るときに役立つでしょう。

トップ画面

その日の歩数と体重が表示されるので、現状の自分自身を自覚できるでしょう。

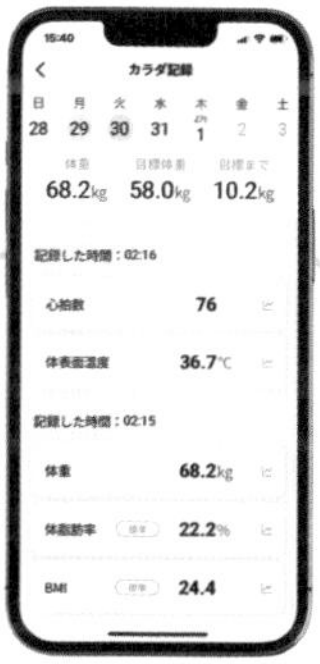

カラダ記録

次ページで紹介する体組成計をスマホとペアリングしてから乗るだけで体重・体脂肪率・BMI・基礎代謝量・除脂肪体重・内臓脂肪Lv.筋肉量・骨量・たんぱく質量・体水分率・体内年齢と11種類の項目が数値化し記録される。ヘルスウォッチからは心拍数・消費カロリー・歩数・睡眠を記録。

体組成計とヘルスウォッチをアプリと連携して、カラダの変化をチェックしよう

前ページで紹介した【カラダ記録・運動記録】を活用するのに必須のアイテム。チョコザップに入会するとスターターキットとして受け取ることができます。簡単に日々の数値が記録でき、チェックすることで、自分がいい方向に向いてきたら、よりモチベーションも高まることでしょう。

目標や悩み事を
共有できる
仲間を見つけよう

コミュニティページ

アプリから移動できる【コミュちょこ】は情報交換ができるので、困ったり、迷ったり、喜んだり、落ち込んだりを投稿してみましょう。いいことがあるかもしれません。

チョコザップアプリからライザップLIVEをチェック

トレーナーが
実演してくれる
お手本・アイデアが
いっぱい

LIVE配信

トレーニングやダイエットに関してのヒントになる動画が日々公開されています。数多いコンテンツの中には自分が求めているものが見つかるでしょう。

おすすめビデオ

初心者から熟練者まで、それぞれに向けた動画が多数。トレーニングや食事について、目的や興味に合わせて、予習、復習、実践が可能なので、活用できるはずです。

※サービスは予告なく変更となる可能性があります。

chapter 6

美容・エステ・リフレッシュ チョコザップの楽しいメニュー探索

ジムとしての利用以外にもチョコザップではさまざまなサービスがあるらしい。今回はそれらをライザップのスタッフさんに、いくつか案内してもらいました。

refresh!!

気分をリフレッシュ

トレーニングマシンのほかにも嬉しいサービスがいっぱい

リフレッシュするのも大切なこと。トレーニングライフを楽しく送れるようにチョコザップではリフレッシュメニューも豊富に揃えています。

check!!

しっかりとトレーニングされたい方には更衣室もあります

デスクバイク

（使える時間20分・要予約）

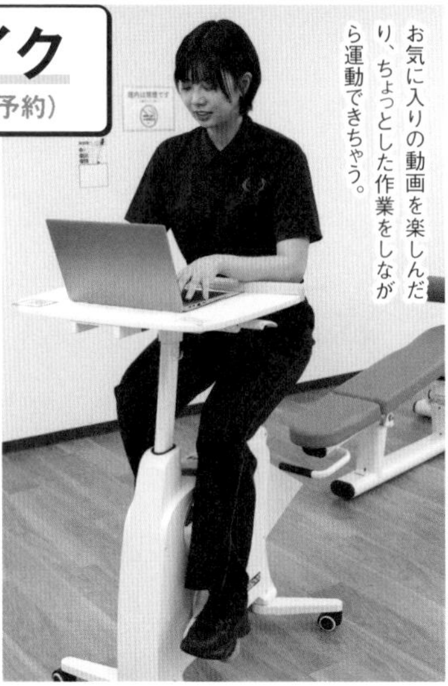

お気に入りの動画を楽しんだり、ちょっとした作業をしながら運動できちゃう。

好きなことをしながら、バイクで運動不足解消という一石二鳥なのがデスクバイク。PCも置ける快適な広々デスク付きなので、読書や勉強、動画観賞、ちょっとしたPC作業をするのも快適です。楽しんでいる間に、下半身トレーニングができます。

セルフネイル

（使える時間50分・要予約）

専用アプリでお好みのデザインを選んで、ネイルプリンターでプリントするだけ！　短時間、ハイスピードでネイルができる！　ネイル手順はブース内に貼ってあるので安心です。

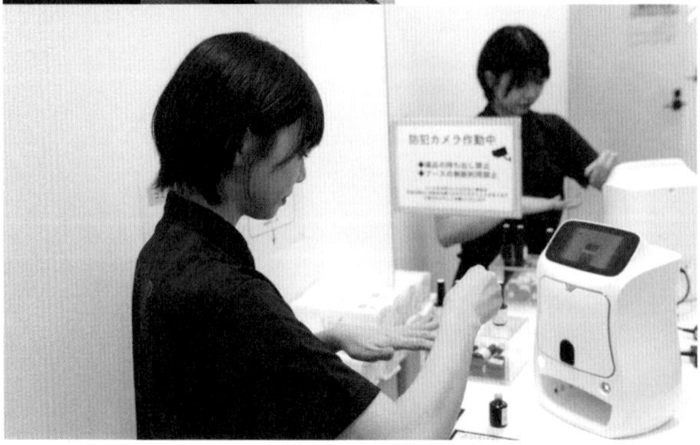

カラダのコンディションを整えたい。乾燥や肌荒れが気になる。肌を引き締めたい。首・肩をリフレッシュしたいなどのお悩みがあれば、高性能エステマシンでフェイス&ボディケアを試してみましょう。2つの電極間をラジオ波が流れるバイポーラ方式を採用。起動後すぐに温まり、突起型ヘッドで深層部までしっかりほぐすことができます。ご自身でエステマシンを使用しますが、操作はとにかく簡単！　技術力に関係なく施術できます。施術後に運動すると効果が上がるんですよ。

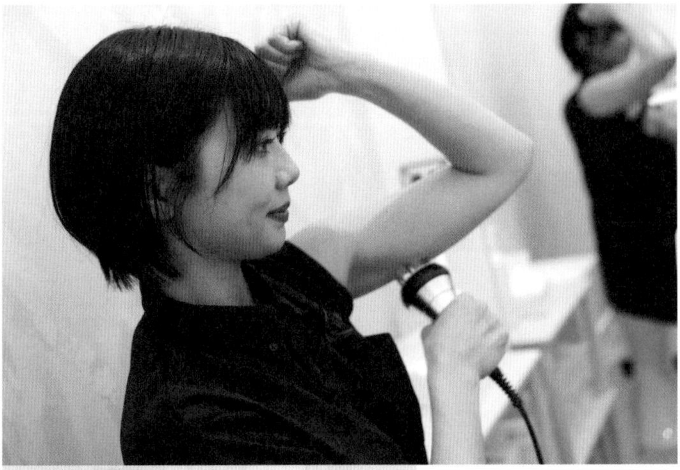

セルフエステ

（使える時間20分・要予約）

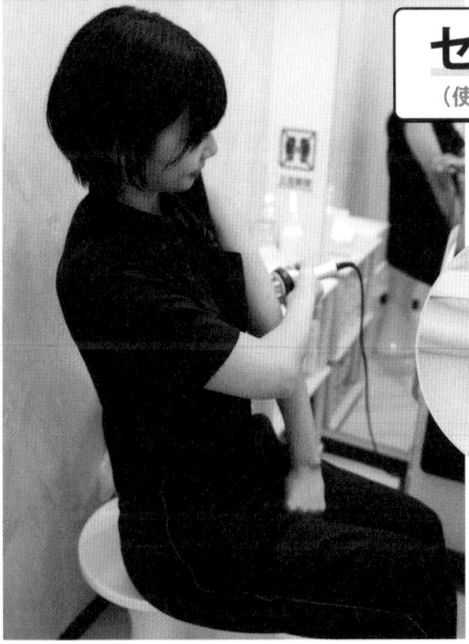

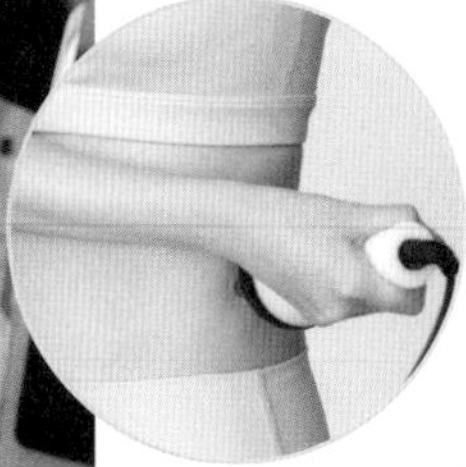

ヘッドをスッキリFACE用に交換すれば、お顔にも使用できます。お肌の悩みもコチラでケアできます。

check!!

ストレッチスペースがあれば
ゆったりと
カラダをほぐせます

ストレッチスペースは準備運動やクールダウンなどにご利用いただけます。

MENU

- ●セルフエステ　使用できる時間20分　要予約
- ●セルフ脱毛　使用できる時間20分　要予約
- ●セルフネイル　使用できる時間50分　要予約
- ●マッサージチェア　使用できる時間20分　要予約
- ●デスクバイク　使用できる時間20分　要予約
- ●ドリンクバー　飲み物無料
- ●ゴルフ練習ブース　使用できる時間20分　要予約
- ●セルフホワイトニング　使用できる時間20分　要予約

※設置のない店舗がございます。webサイトの店舗ページよりご確認ください。
※ご利用にはアプリから予約をお願いします。
※1日最大2枠までご利用可能です。（連続利用も可）

セルフ脱毛

（使える時間20分・要予約）

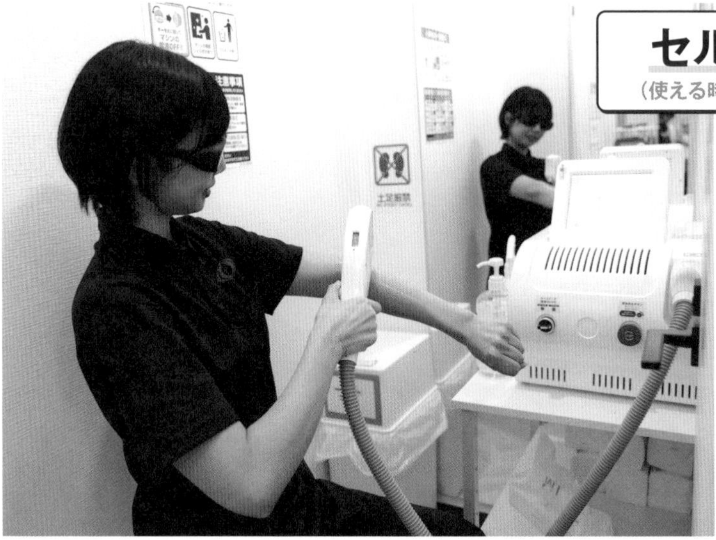

広範囲のメラニン色素に作用するので、短時間での脱毛が可能！　脇など小さい部位なら、数分で照射が終わります。光が拡散するので肌への負担も軽減することができます。

セルフホワイトニング

（使える時間20分・要予約）

蓄積された歯の着色や黄ばみを徹底的に除去。ブラッシングとの併用で歯の着色汚れを浮かせて落とし、歯のツヤ出し効果も。歯垢や歯石の沈着もガードできます。1回あたり8分ほどの施術時間なので、スキマ時間でも気軽にご利用いただけます。

コーヒー・ワイン・お茶などステインがつきやすい飲み物がお好きな方にオススメのサービスです。

適度な運動を行い、おいしいものをおいしく食べて、健康なカラダと素敵な笑顔をつくりましょう！

ドリンクバー

（追加料金不要・予約不要）

追加料金なしで利用できる、ドリンクサーバーです。（チョコザップ1回のご利用につき1杯まで）

マッサージチェア

（使える時間20分・要予約）

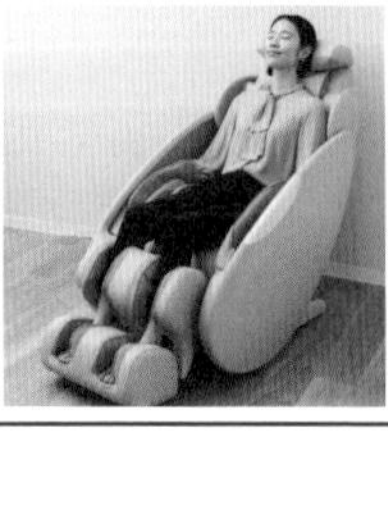

全身をもみほぐすことができます。トレーニングによる筋肉痛を和らげたり、疲労回復に役立ちます。

ボディメイク2ケ月記録シート

詳しい記録はチョコザップアプリに記録できるので、ここには簡単な記録をつけておきましょう。1日の記録を一目で振り返ることができ、次の日のボディメイクに活かすことができます。

	DAY1 ／	DAY2 ／	DAY3 ／	DAY4 ／	DAY5 ／	DAY6 ／	DAY7 ／	DAY8 ／	例
肩									○
胸									
腹									
背中									○
腕									
脚									○
尻									
心肺									
朝食									○
昼食									△
夕食									×
間食									
水分	ℓ	ℓ	ℓ	ℓ	ℓ	ℓ	ℓ	ℓ	2 ℓ
体重	kg	kg	kg	kg	kg	kg	kg	kg	50 kg
メモ									夕食を食べすぎてしまった

トレーニングした部位に○を書きましょう。

ライザップ式食事法を守れたら○、少し食べすぎたら△、食べられなかったり、食べすぎたりしてしまったら×を書きましょう。

1日の水分量を書きましょう。

毎日決まった時間に体重を測って書きましょう。

反省点や、頑張った点など、その日を振り返って思ったことを書きましょう。

DAY22 ／	DAY23 ／	DAY24 ／	DAY25 ／	DAY26 ／	DAY27 ／	DAY28 ／	DAY29 ／	DAY30 ／	DAY31 ／	DAY32 ／	DAY33 ／	DAY34 ／	
													肩
													胸
													腹
													背中
													腕
													脚
													尻
													心肺
													朝食
													昼食
													夕食
													間食
ℓ	ℓ	ℓ	ℓ	ℓ	ℓ	ℓ	ℓ	ℓ	ℓ	ℓ	ℓ	ℓ	水分
kg	kg	kg	kg	kg	kg	kg	kg	kg	kg	kg	kg	kg	体重
													メモ

	DAY9 ／	DAY10 ／	DAY11 ／	DAY12 ／	DAY13 ／	DAY14 ／	DAY15 ／	DAY16 ／	DAY17 ／	DAY18 ／	DAY19 ／	DAY20 ／	DAY21 ／
肩													
胸													
腹													
背中													
腕													
脚													
尻													
心肺													
朝食													
昼食													
夕食													
間食													
水分	ℓ	ℓ	ℓ	ℓ	ℓ	ℓ	ℓ	ℓ	ℓ	ℓ	ℓ	ℓ	ℓ
体重	kg	kg	kg	kg	kg	kg	kg	kg	kg	kg	kg	kg	kg
メモ													

DAY48 ／	DAY49 ／	DAY50 ／	DAY51 ／	DAY52 ／	DAY53 ／	DAY54 ／	DAY55 ／	DAY56 ／	DAY57 ／	DAY58 ／	DAY59 ／	DAY60 ／	
													肩
													胸
													腹
													背中
													腕
													脚
													尻
													心肺
													朝食
													昼食
													夕食
													間食
ℓ	ℓ	ℓ	ℓ	ℓ	ℓ	ℓ	ℓ	ℓ	ℓ	ℓ	ℓ	ℓ	水分
kg	kg	kg	kg	kg	kg	kg	kg	kg	kg	kg	kg	kg	体重
													メモ

	DAY35 ／	DAY36 ／	DAY37 ／	DAY38 ／	DAY39 ／	DAY40 ／	DAY41 ／	DAY42 ／	DAY43 ／	DAY44 ／	DAY45 ／	DAY46 ／	DAY47 ／
肩													
胸													
腹													
背中													
腕													
脚													
尻													
心肺													
朝食													
昼食													
夕食													
間食													
水分	ℓ	ℓ	ℓ	ℓ	ℓ	ℓ	ℓ	ℓ	ℓ	ℓ	ℓ	ℓ	ℓ
体重	kg	kg	kg	kg	kg	kg	kg	kg	kg	kg	kg	kg	kg
メモ													

STAFF

カバーデザイン　小口翔平＋畑中 茜（tobufune）
本文デザイン　小川隆朗
DTP　井関ななえ
撮影　長谷部 司
イラスト　achaca
制作協力　鈴木弓絵（リッジ舎）　辛島陽子（オフィス アイ・ディ）　遠山 怜
運動実演　工藤 愛　水上彩乃
編集・構成　横瀬真幸
企画・編集　矢冨知子　九内俊彦

自分でできるRIZAP式ダイエット chocoZAP最強活用術

2024年4月29日　第1刷発行
著　者　RIZAP
発行人　関川 誠
発行所　株式会社宝島社
〒102-8388
東京都千代田区一番町25番地
電話（営業）03-3234-4621
（編集）03-3239-0646
https://tkj.jp
印刷・製本　サンケイ総合印刷株式会社

Printed in Japan
ISBN978-4-299-05260-5